貝ノ瀬滋
KAINOSE SHIGERU

鈴木寛
SUZUKI KAN

みんなで創ろう

コミュニティ・スクール

Let's sow the seeds of democracy!

悠光堂

はじめに

　明治以後、我が国は近代化を進めるなかで、欧米諸国に追いつけ追い越せの思いで国づくりを行ってきた。人材育成が急務となり、一斉指導や教え込みの教育で引っ張ってきた面もあろう。だが、社会が成熟し人口減少に転じた現在、これまでとは異なる新たな人材育成が必要になってきている。教育を教員や学校関係者だけが担っていては、イノベーションを起こし、一人ひとりが豊かな社会を実現することに限界がある。

　学校が地域と持続的に協働しながら子どもたちを育てていく仕組みであるコミュニティ・スクール。その豊かな社会をつくるための道筋を記したつもりである。

　さて、そのコミュニティ・スクールが制度化されたのは今から約20年前、2004（平成16）年のことである。

　現在、学校運営協議会を設置している学校数は公立学校等のうちおよそ45％となったが、「教育進化のための改革ビジョン」（2022（令和4）年2月、文部科学省）では、2022（令和4）〜2024（令和6）年度がコミュニティ・スクール導入の重点期間とされ、今後さらにその広がりが期待されている。そのようななかで、新しく学校運営協議会を置く学校、コミュニティ・スクールを導入する自治体へ向け、その手順をわかりやすく示す「ガイド」が求められていると考え、本書を刊行することとした。

　学校運営協議会を定める「地方教育行政の組織及び運営に関する法律」は2017（平成29）年に改正され、学校運営協議会の設置（コミュニティ・スクールの導入）が教育委員会の努力義務となった。

これと時を同じくして、「社会教育法」も改正され、地域学校協働活動が定義され、この2つの仕組みが一体的に推進されることとなった。

これまで、各自治体や学校においては、「2つの事業を行わなければならない」という負担感を抱いたり、教育委員会内で学校教育と社会教育のどちらが担当するのか不明瞭感を持ったりすることも否めなかった。このことが理由の一つとなり、コミュニティ・スクール導入に二の足を踏む学校や自治体もあったのではないだろうか。

しかし、本書を参考にしながら次のように考えていただきたい。

学校運営協議会を企画や協議等を担う「頭」とするならば、地域学校協働活動は実働部隊としての「足腰」であり、双方がそろって、はじめて「コミュニティ・スクール」になるのだと。

この考え方のもと、これまで「コミュニティ・スクール＝学校運営協議会」と狭義の意味で使われていた内容・項目を明確に区別するため、本書では、狭義の意味では「コミュニティ・スクール」の用語は使用せず、協議会活動等に関しては「学校運営協議会」とし、地域学校協働活動と一体的な取組に対し「コミュニティ・スクール」の語を使用することとした。わかりやすく式に表すと以下のようになる。

学校運営協議会制度＝狭義のコミュニティ・スクール

学校運営協議会＋地域学校協働活動＝広義（真の）コミュニティ・スクール

本書では、まず第1部に編集代表2人による対談を掲載している。ここでは、コミュニティ・スクールの過去・現在を振り返るだけでなく、将来的な構想を含めた総合的な内容となっている。続く第2部では広島県府中市を参考事例にコミュニティ・スクー

ルの具体的なつくり方について、第3部ではQ&A方式で類似の仕組みや関連制度との違いなどを詳述している。第4部はコミュニティ・スクールの法的根拠といった基本的情報をおさらいし、第5部では先進的な国内事例の特徴ある取組および今後のコミュニティ・スクールの在り方を考える上でも参考となる国外の事例を掲載。第6部で総括としてその意義や現代社会の課題との関わりを述べ、巻末には資料を登載した。

　学校運営協議会と地域学校協働活動の一体的推進が法的にも整備され、コミュニティ・スクールは今ようやく真の姿になったともいえる。すでに学校運営協議会を設置しているところでは、地域学校協働活動とともに行うことで、地域の関係機関（公民館、図書館、社会教育センター、児童館、子ども会、青年会議所、商工会、商店街、農業協働組合など）や地域の人々の力を再結集することができる。学校を核とした地域づくりを考えながら、学校も応援してもらう活動によって相乗効果も出てくるだろう。また、これから設置を行うところは、2つを融合させることで効果的に活動をスタートできる。

　コミュニティ・スクールという仕組みを活かすことで、地域社会はつながりを深め、ぬくもりのあるものとなっていくだろう。足腰の強化が、地域社会をよくしていく。「子どもの問題は大人の問題」というが、それと同じで、「学校の問題は地域社会の問題」とつながっている。学校だけをよくすることは決してできず、地域社会をよくしていくことが、結果的に地域社会を構成する学校もそれぞれの家庭も地域の団体もよくなっていくことになる。お互いの取組のなかで子どもたちの成長を促すことができれば、素晴らしい地域社会ができるのではないだろうか。これが、個人と社会のウェルビーイングの実現にもつながってくる。

各学校や地域ごとに課題やビジョンは異なるだろう。だが、この個人と社会のウェルビーイングの実現は誰もが共通するミッションであろう。ミッションを果たそうと歩みを進める教育委員会、学校、地域の関係者の皆様にとって本書がそのガイドとなれば幸いである。ぜひご一緒に読んで、考えて、実践の一歩を踏み出していただきたい。

　なお、本書は、公立の小学校、中学校、高等学校、中等教育学校における学校運営協議会設置の手引きとしてぜひともご活用いただきたいが、私立、国立、特別支援学校、幼稚園、大学等に関しては、他の教育機関や地域で現在どのようなことが行われているかの情報の一つとしておおいに参考としていただければと願う次第です。

編集代表
貝ノ瀬滋・鈴木寛

CONTENTS

第 1 部

〈対談〉
コミュニティ・スクール
の論点整理

日本のコミュニティ・スクール萌芽から約20年。その普及に寄与してきた編集代表の2人、「ミスター・コミュニティ・スクール」貝ノ瀬滋氏と「コミュニティ・スクール生みの親」鈴木寛氏による特別対談。これからの日本社会を見据え、彼らが考える「コミュニティ・スクール2.0」の在り方とは？

教育の目的は
ウェルビーイングの実現

コミュニティ・スクール
生みの親である
鈴木寛先生に聞く　（聞き手：貝ノ瀬滋）

貝ノ瀬滋
KAINOSE SHIGERU

鈴木寛
SUZUKI KAN

「一番おいしい料理」は三ツ星レストランではなく、おふくろの味
コミュニティ・スクールはすべての学校を「一番おいしい学校」にする

貝ノ瀬：2000（平成12）年12月に提出された教育改革国民会議報告において、「地域が運営に参画する新しいタイプの公立学校の設置」が提言されたことから、コミュニティ・スクールはスタートしました。

　本インタビューでは、（1）当時、どのような背景や考え、問題意識があったのか、（2）現状をどのようにご覧になっているのか、（3）公立小中学校のうち48％でコミュニティ・スクールが導入（2022年度）されましたが、この先、例えば100％導入となった場合、一時期よく議論となった教育委員会の在り方などを含め、日本の学校・教育がどのような変化を遂げていくのか将来的な展望、とコミュニティ・スクールをめぐる過去・現在・未来を鈴木先生にお聞きしたいと思います。

　そもそものスタートは、教育改革国民会議から「新しいタイプの公立学校」の設置を促進するという報告が出たことからでした。教育改革国民会議の第二分科会（学校教育）で主査を務められた慶應義塾大学大学院の金子郁容先生が提案されたものであり、鈴木先生は金子先生の研究室の助教授として一緒にご活躍されていらっしゃいました。

　当時、荒廃した学校や受験の過熱といったことが社会問題としてあり、学校を地域に開いて、地域の人と情報を共有し、学校をしっかり建て直していく必要があるという声が出ていました。そ

のような社会背景などを踏まえた問題意識から、「新しいタイプの公立学校」の考えが打ち出されたわけですが、その参考に、イギリスの学校理事会制度などがあげられました。

　イギリスの場合は、選挙で理事を選出し、理事会が校長を選任、校長を中心に教員を集めるというかたちを取っています。日本と大きく異なる点は、イギリスには教育委員会が存在せず、教育省※1が直接各学校を管理する仕組みを取っている点です。このような違いも踏まえながら各国の事例を参考に、「新しいタイプの公立学校」が打ち出されたようですが、当初、先生方はどのような学校の在り方を考えていらっしゃったのでしょうか。

鈴木：報告書に書かれた「新しいタイプの公立学校」は、今で言うコミュニティ・スクールのことですが、この名前と概念を考える上で、大きく3つのポイントがあります。

　まず一つは、「ボランティア」です。金子先生はもともと『ボランティア：もうひとつの情報社会』〈金子郁容、岩波新書、1992〉を上梓されるなど、その意義を考えていらっしゃいましたが、特に1995年に起きた阪神・淡路大震災は、「ボランティア」と「インターネット」によって、それまでの災害対応と大きく様相を変えました。

　それ以前の災害では、警察、消防、自衛隊といった「公（官）」の方々が主として対応を担っていましたが、阪神・淡路大震災ではボランティアが活躍しました。震災直後、金子先生と慶應義塾大学湘南藤沢キャンパス（以下「SFC」という）の院生・学生もインターネットを駆使したボランティア活動を行っています。この活動から生まれたのが『ボランタリー経済の誕生：自発する経済とコミュニティ』〈金子郁容、実業之日本社、1998〉という書籍です。

　20世紀（近代）は「ガバメント・ソリューション」（政府によ

る問題解決）、「マーケット・ソリューション」（市場による問題解決）、この2つが社会問題の解決に携わってきましたが、3つ目の解決として「コミュニティ・ソリューション」（コミュニティによる問題解決）が必要であるということを、この本で初めて打ち出しました。「コミュニティ・ソリューション」は教育だけではなく、あらゆる社会課題に対し、コミュニティによる解決が必要であると述べており、この3つのベスト・ミックスで社会問題を解決することを打ち出しました。

当時の教育界では貝ノ瀬先生がおっしゃったとおり、さまざまな問題が起こっていました。

「ガバメント・ソリューション」は一律、一斉、一方向のものを提供することはできますが、教育という社会的人的サービスのクオリティを向上するにはタイミングとカスタマイズが重要になります。子どもが10人いれば十人十色と言うとおり、それぞれ異なる事情や状況にありますが、それらに対して従来は一律、一斉、一方向で対応していたことが、現在の学校の問題などを生み出してきたのではないかと思います。多元化、多様化が進む現代において、従来の方法では限界がきているということでしょう。

戦後は都市と地方においてさまざまな面で格差があり、「公」が一律で行うことが必要でしたが、今はその差も減り、個別の地域、個別の学校、個別の子どもに応じた対応が求められています。一律一斉から卒業し、公正な個別最適化が必要なときともいえます。

では、どのようにしたらよいか。ここで考えられたのが、「コミュニティ・ソリューション」を教育に当てはめた「コミュニティ・スクール」です。この方法であれば、教員を含めボランティアと一緒に、それぞれの地域や子どもにあわせた最善の学習環境、「いい学校」をつくることができるのです。

例えて言うなら、「一番おいしい料理」は、三ツ星レストランではなく、おふくろの味といったところでしょうか。地域にあった教育を実現することで、すべての学校が「一番おいしい学校」になることができます。そのためにも、地域に決定権を渡し、地域で学校を運営する必要があります。

　教育改革国民会議の際、本会議とは別にインターネット上に会議の場を持ち、さまざまな立場の300人ほどの方々からご意見をいただいて、本会議で伝えるということをしていました。

　それらを踏まえ、金子先生は「コミュニティ・スクール」を打ち出したのですが、当時は文部科学省も日教組（日本教職員組合）も教育界全体がこれに反対でした。学校は聖域であり、地域の素人が学校に入って意見を述べるとは何事か、といった考えだったのです。学校がとても閉鎖的な空間でした。

　しかし、阪神・淡路大震災でボランティアが活躍し、被災者の7割が地域（ご近所）の力に助けられたと言われ、大規模広域災害時には官だけでは間に合わないことが明らかになりました。公助は確かに大切ですが、共助・互助も合わさることでよりよいものになるのです。教育も、教員の数を倍にできればきめ細かな対応もできますが、なかなか倍にはできません。そのようななかで、市民の力をもっと活用することを提案したのです。

　2つ目のポイントは、「斜めの関係」です。働き方改革やワーク・ライフ・バランスが唱えられる現在においても、多数の家庭では父親が外で働き、かつ、長時間労働によって、家庭にいる時間が少ないという状況にあります。

　学校においては、特に小学校では女性教員の数が半数を超え、子どもが身近に接する大人というのが「母親」か「女性教員」であることが多いなか、コミュニティ・スクールは「いろいろな大人」に出会うきっかけとなります。友達の保護者、大学生のボラ

ンティア、地域の商店主など、多様なロールモデルと接することが、子どもの価値観の幅の広がりにつながります。そのようなご縁、関係性だけでも大切な要素となります。

そして最後３つ目です。教育改革国民会議の頃から、すでに子どものいじめや自殺は社会問題となっていました。

子どもの死という最悪の事態に至らないためには、その子のことを全面的に受け入れてくれる存在が少なくとも一人以上いるということが重要です。孤立や孤独が絶望につながるからです。その面でも、コミュニティ・スクールによって学校に関わる人が、子どもたちとつながり、受け入れる存在になりうるのです。

以上３点が、地域の方々が学校に入る意義となります。

モンスターペアレントと学校の間に地域が入る
積み重ねによって「応援団」が生まれる

貝ノ瀬：当時、私も校長をしていましたが、学校でさまざまな問題が起きたとき教職員だけで解決できればよいですが、なかなか難しいこともありました。

決して教職員の能力が不足しているというわけではなく、教職員で行うキャパシティの限界がきているように思えました。そのようなとき、地域の方々に参画いただき、さまざまな生業の方の価値観にふれ、解決の知恵をいただくという関係性があれば大きく状況が変わるのではないかと思いました。

鈴木：今では一般的となった登下校時の見守り活動も、教職員だけだとカバーができませんが、地域の多くの眼がつながり、積み重なることによって、安心安全が保たれています。ただ、これまで閉鎖的だった学校を180度転換し、地域に「学校に入ってきて

ください」「手伝ってください」と言うためには、制度（仕組み）が必要になります。コミュニティ・スクールはそのためのものなのです。

2004（平成16）年に地方教育行政の組織及び運営に関する法律（以下「地教行法」という）の一部改正によってコミュニティ・スクールが制度化されましたが、それ以前に、足立区等ではモデル校として先進的に取組が進められていました。

それまでは、年に数回、保護者会と授業参観くらいでしか開かれていなかった学校を、地域の人が毎日授業参観を行えるようにしたところもありました。

貝ノ瀬：先ほど、教育界はコミュニティ・スクールに反対だったというお話しがありましたが、何を心配していたのでしょうか。

鈴木：端的に言えば、現場が混乱する、コントロールできないということでしょう。確かに学校内と学校外では文化が異なりますので、最初は混乱もあるかもしれません。しかし、それを乗り越えることが重要であり、それによって地域と強い絆ができあがります。

例えばモンスターペアレントの問題も、教職員が表に立つのではなく、コミュニティの人が間に入ってくれることで、実は教職員も守られるということがあります。先に示した足立区では、学校運営協議会の会長が入学時に保護者に対して、子どもの教育に保護者も責任を担うことについて誓約書をお願いしていたというような事例もあります。保護者も責任を持ち、地域と役割分担をすることでよい学校ができるということです。

確かにガバメント・ソリューションの方法であれば、通達一本で文部科学省から教育委員会、教育委員会から各学校、各学校から教職員や保護者へと、上意下達で行うことができます。しかし、対話や熟議をもってみんなでつくりあげていくのがコミュニ

ティ・ソリューションです。

貝ノ瀬：コミュニティ・スクールの法律ができる以前の 2000 年に、私が校長を務めていた三鷹市立第四小学校では、鈴木先生にもご指導をいただき、「教育ボランティア制度」を導入しました。

　最初に学校でボランティアをしていただいた地域の方々からのアンケートの回答には、「こんな授業をしているから子どもたちは不登校になるんだ」といった、だいぶ厳しい意見も記されていました。このアンケート結果を職員会議で伝えたところ、やはり教職員からも不安の声があがりました。しかし、活動を継続した２年目以降は、欠点や問題点もさることながら、地域の方々が先生という仕事がどれだけ大変か理解され、先生方だけでの対応では限界があり、われわれも協力しなくてはならないという意識が芽生え、建設的なご意見をいただくことができました。

鈴木：そうなのです。最初の課題を乗り越えることができれば、その後は応援団となってくださるのです。子どもの対応が本当に大変であることが地域の方もわかり、先生に対してもリスペクトの念を持ってくださいます。

貝ノ瀬：コミュニティ・スクールに対して教育関係者の心配事のもう一つに、イギリス型コミュニティ・スクールがモデルであれば、いずれ教育委員会がなくなるのではないか、そうすると政治的中立性が保たれないのではないかということもありました。

鈴木：イギリスの学校理事会制度と、アメリカのチャーター・スクール（公設民営型の学校）[2]、この２つをコミュニティ・スクールの参考としました。ただ、そもそも日本の地方自治法はチャーター（特別認可）を想定した制度設計となっていないため、そのままのかたちで導入することはできません。

　一方、イギリスの学校理事会制度は一つのモデルではありますが、教育委員会の有無の違いがあり、決して教育委員会をなくそ

うということではありませんでした。教育委員会には、教員の人事など教育委員会の役割がありますので、そのまま維持し、コミュニティ・スクールはもっと現場に近いところで物事を決められるということ、また、学校と地域の対等なパートナー関係を目指して構想しました。だからこそ、「学校運営協議会」という名前がつけられました。つまり「協働」であり、コラボレーションなのです。学校運営協議会は校長、教頭、教職員、地域、教育の専門家など多様な関係者による組織で、イギリスの理事会制度とはこの「協働」という点が異なります。

　当初、コミュニティ・スクールの考え方は、小泉純一郎内閣時代の規制改革会議や知事会等からも支持されていました。法改正に向けた閣議決定が積み重ねられ、地教行法改正以前の 2002 年には東京都（足立区立五反野小学校）、京都府（京都市立御所南小学校）、三重県、岡山県、千葉県等の 7 地域でモデル校が設置されます。私が初当選した時期で、参議院文教科学委員会理事の初仕事としてこのモデル事業を行いました。

コミュニティ・スクール三段活用と熟議がミソ
「学校づくりこそが民主主義の学校である」

貝ノ瀬：「協働」がポイントなのですね。ただその一方で、コミュニティ・スクールの本質には、学校教育の在り方という「ガバナンスの強化」の面もあります。

　学校の後援会や地域のボランティアに比重を置くと、地域学校協働本部の役割とも混同されがちになります。ガバナンスとのバランスはどのように考えたらよいのでしょうか。私が委員としても携わり、2022 年 3 月にまとめた「コミュニティ・スクールの

在り方等に関する検討会議最終まとめ～学校と地域が協働する新しい時代の学びの日常に向けた対話と信頼に基づく学校運営の実現～」（コミュニティ・スクールの在り方等に関する検討会議）の会議の際も、このことが議論になりました。

鈴木：教育改革国民会議当時、私たちは「コミュニティ・スクール三段活用」ということを唱えていました。

第一活用は放課後子ども教室。放課後は地域が主体となり、その時間までの授業には地域は口を出さないというものです。第二活用は学校支援地域本部。今は地域学校協働本部となっていますが、当時は学校を支援する地域応援団としてありました。そして第三活用が、まさに学校運営協議会を中心とした学校ガバナンスです。第二活用や第三活用から行ってももちろん構いませんが、地域のつながり等がまったく形成されていないようなところでは、いきなり第三活用から行うことは困難です。

三鷹はもともと市民社会がしっかりしているため、地域の理解や成熟した市民の力もあり、第三活用から行うことができましたが、必ずしもそうではないところもあります。地域の市民力に応じて、第一活用から第三活用まで適したものをチョイスし、段々と段階を上げていく、そして、第三活用がまさにガバナンスであるということです。

貝ノ瀬：なるほど、そういうことですね。この「ガバナンス」を日本語で言うと一般的には「統治」となりますが、どうも上からというイメージ、上意下達の雰囲気がしますが、よい日本語はないのでしょうか。

鈴木：ぴったりくる日本語がないんですね。あえて言うなら、適正な学校運営、学校経営といったところでしょうか。

貝ノ瀬：2022年度の調査（「令和4年度コミュニティ・スクール及び地域学校協働活動実施状況調査」、文部科学省）では、コミュ

ニティ・スクールは全国の公立学校の約42%（小学校、中学校、義務教育学校では約48%）、1万5,000校以上で導入されていますが、やはり地域や運営の実態にはばらつきがあります。

　高等学校は導入が少なく、神奈川県や広島県、山口県などでは100%導入していますが、どの地域も小中学校を含めどちらかというと行政主導で行われていたり、かたちだけであったりというご批判も耳にします。あるいは、学校評議員制度があるから、昔から地域と連携が取れているから、こういう仕組みは必要ないとおっしゃる教育長さんもいらっしゃいます。

鈴木：法律は制定されましたが、私が文部科学副大臣に就任した頃、導入校は全国で400校ほどとあまり増えていませんでした。そのため、2013年の第2期教育振興基本計画（閣議決定）に「コミュニティ・スクールを全公立小中学校の1割に拡大」するということが盛り込まれました。その当時もコミュニティ・スクールは「必要ない」というご意見はありましたが、制度にするということが重要なのです。

　というのも、校長先生によってとてもオープンな方と、学校を閉じてしまう方と、どちらのタイプの方もいらっしゃるからなのです。せっかく地域に開いた学校になっても、人事異動によって校長先生が替わり、また閉じてしまうということもありますが、コミュニティ・スクールになっていれば、新しい校長先生になっても変わることがありません。

　さきほど、「学校評議員制度があるからコミュニティ・スクールは必要ない」というご意見があるとお話しに出ましたが、学校評議員はあくまで「校長の求めに応じ、学校運営に関し意見を述べることができる」ものであって、校長先生が任用するため、評議員とは対等な関係性ではありません。

　一方、学校運営協議会は校長先生とも対等で二人三脚で行って

いくものです。どちらかが替わっても、「私たちの学校はこうい
う学校です」と言って継続できることが、制度化されている意義
なのです。これを積み重ねていくことが、地域力にもつながって
いきます。ぜひ校長先生方には、地域にイコールパートナーがい
ることに力強さを感じていただきたいと思います。

　また、学校の運営方針を1年ごとにみんなで議論することもと
ても重要で、そのとき、地域と相談や対話をしながら行うことが
できるのも制度化されているからなのです。

　ただ、おっしゃるとおり、私が副大臣のときも、名ばかりコミュ
ニティ・スクール、つまり制度の空洞化が生じていましたが、こ
れはしょうがないことでもあります。制度化すると普及はします
が、一方でよいものとそうでないものが出てくるのはトレードオ
フなのです。

　とはいえ、名ばかりコミュニティ・スクールをそのままにして
おいてはこの運動も広がっていきませんので、解決策として考え
たのが「熟議」でした。この熟議を入れることによって、名ばか
りコミュニティ・スクールを実質的なコミュニティ・スクールに
することができます。当時、「熟議のススメ」といって、子ども熟議、
中学校熟議、リアル熟議、熟議カケアイ……と手分けをして津々
浦々で何百回も行いましたね。残念ながらこの政策は途切れてし
まいましたが、続いていたらおそらくコミュニティ・スクールも
加速していたのではないでしょうか。ただ、熟議のよさを実感し
継続している地域では、今も自主的に熟議活動が続いています。

貝ノ瀬：熟議がコミュニティ・スクールとセットになって徹底さ
れれば、大げさかもしれませんが、民主主義社会の基礎づくり、
地域づくりになるのではないでしょうか。

　このことは、2022年3月「コミュニティ・スクールの在り方
等に関する検討会議」の最終まとめのなかで、「学校や子供たち

を核とした保護者や地域住民等による新たなコミュニティづくり、民主主義社会の基盤強化にも資する」制度とあります。

鈴木：そのとおりで、もともと「コミュニティ・ソリューション」を考えていたときから、民主主義のことも考えていました。日本の場合は民主主義が浸透しきれていないため、「ガバメント・ソリューション」が、明治以来「官」によるものとなっていますが、本来は市民によるものなのです。そのため、「官立学校」になっている学校を、「地域立学校」「市民立学校」にしていく必要があります。

　しかし、いきなり国全体を民主主義にするといってもみんなわからない。だから、まずは一番身近な「公（おおやけ）」である、全国に２万校ある小学校、１万校ある中学校を民が主役でつくっていくことを考えました。小中学校は、全員が通ったことがあり、イメージすることができ、関わることができるのです。この公が少しずつ大きくなることによって、最後は国になるということです。イギリスの法学者で政治家のジェームズ・ブライスが「地方自治は民主主義の学校である」と言いましたが、日本はまさに「学校づくりは民主主義の学校である」ということでしょう。このことを当初から考えており、コミュニティ・ソリューション、民主主義につながるコミュニティ・スクールを打ち出したのです。

　私がさまざまなコミュニティ・スクールを視察していたとき、非常に感動したこんなエピソードがあります。

　あるとき、PTAの副会長であり、学校運営協議会の副会長を務める若いお母さんが、「なぜ公立学校は運営が難しいのかがやっとわかりました」とおっしゃったんです。この方はそれまで法律など見たこともなかったけれど、活動に関わるなかで、地教行法のエッセンスを理解されていったのです。「教科書の内容は文部科学省が検定し、教員は市立学校の所属でも採用は都道府県が

行っている、そして学校の設置者は市町村で、ばらばらなんです
ね」って。

　本当にそのとおりで、それが日本の教育行政の難しいところな
のです。おそらく、副会長という役割になってからいろいろと勉
強もされたのでしょう、問題点を見抜かれていました。役割と責
任を担うと皆さんすごく頑張るんだと感じました。「なぜ無理な
のか」といったことを行政などにぶつけ、説明を受け、理解する
ことで、本当の民主主義の学校になっていると思いました。社会
の形成者として対話し、協働的に問題解決している姿を目にした
のです。

貝ノ瀬：学校運営協議会の委員も数年ごとに入れ替わり、さまざ
まな人が経験することによって、時間はかかりますが、自立した
強い市民ができ、学校と対等に対話ができる文化がもっと広がっ
ていくように感じます。

　熟議のよさのもう一つとして、参加者がイコールパートナーと
して正解のない問題を話し合いますが、「私はこういう理由でこ
う思う」と個人個人がそれぞれの解答を考えるトレーニングがで
きることもあると思います。

鈴木：確かに「一般普遍解」はありませんが、「個別暫定解」を
みんなでつくるのが熟議であり、コミュニティ・スクールです。
しかし、官立学校は一般普遍解を全国どの地域にも通そうとしま
す。

　最近は教育の概念として「エージェンシー（主体性）[※3]」が
重視されていますが、コミュニティ・スクールはまさに「コ・エー
ジェンシー（相互の主体性）」と呼べるもので、プロと市民が対
等な立場で、両者が主役になり問題解決をしていくものなのです。
裁判員制度も同じことではありますが、コミュニティ・スクール
の方が身近な問題を扱うため、裁判よりも市民性を育てることが

できると思います。自分や地域の子どもたちが毎日通う学校であれば、いろいろな気づきや提案も出てきます。

貝ノ瀬：ただ明治以来の学制からか、やはり学校に行けば校長先生が一番偉い人と相当遠慮される方も多いように思います。

鈴木：保護者はどうしても子どもをある意味で人質として学校に取られているためでしょう。だからこそ保護者ではない地域の人を取り込むことに意味があるのです[※4]。なぜPTAではだめなのかというと、やはりP（Parent）は意見を言えないのです。

貝ノ瀬：その問題点を把握して法律も対応を考慮していますよね。学校運営協議会の委員は校長が任命するのではなく、教育委員会が任命し、地方公務員の非常勤特別職となっています。この点が学校評議員とは決定的に異なりますね。

鈴木：そうです、だから対等なのです。学校運営協議会の会長は校長ではなく地域の方が務めるという点も重要です。教育の専門家である教職員と地域の代表がお互いにリスペクトしながら行っていくという構造になっています。

三段活用のプロセスによって育まれる地域力
これからは学校が地域に何ができるかを考える時代

貝ノ瀬：私はライフワークでもあるこのコミュニティ・スクールを、よい仕組みだからもっと広めたらいいという気持ちになるのですが、2017年の法改正では、学校運営協議会の設置（コミュニティ・スクールの導入）は教育委員会の努力義務となりました。必置にすべきという声もありますが、この議論に対して、鈴木先生はどのようにお考えでしょうか。

鈴木：これは悩ましい問題で、必置にしなくても自発的に各地域

が議論をして学校運営協議会が設置され、結果として99.9％がコミュニティ・スクールになることが理想ではあります。

貝ノ瀬：確かに法制度にするとまさしく上意下達になりがちですね。

鈴木：自発的、主体的であるはずのものを強制してしまうと制度の矛盾となります。だからこそ、「努力義務」になったと思います。

貝ノ瀬：なるほど。最近では、地域学校協働本部の活動を梃子にしてコミュニティ・スクールが広がってもいます。有償ボランティアのための補助金が国から支払われることになり[5]、相当数の自治体が申請しています。

文部科学省の「地域と学校の連携・協働体制構築事業」の補助要件は、2点あります。

1点目は、コミュニティ・スクールを導入していること、または導入に向けた具体的な計画があること。

2点目は、地域学校協働活動推進員等[6]を配置すること、となっています。

これは、コミュニティ・スクールと地域学校協働活動を一体的に推進するという観点から当然でしょうね。

鈴木：義務化ではなく「インセンティブ」をもって広げていく方法ですね。ここで大事なことは、99.9％と100％は決定的に異なるということです。やはりさまざまな理由で設置が難しいところも0.1％くらいはあるのです。小中学校だけで3万校、高等学校もあわせれば3万5,000校もあるなかで、「必置」は一つ残らず設置せよということになります。高等学校への進学率も今98％ですが、全入ではありません。何かしらの事情、理由で、中学校卒業後社会に出る子どももいるわけです。

貝ノ瀬：自分の意思で高等学校に進学しない子どもがいるように、コミュニティ・スクールも私たちはいいものだと考えていますが、

別の方法を考えられる方がいることも自然ですね。

鈴木：先ほどの三段活用もそうですが、コミュニティ・スクールをつくることで、三鷹で唱えている「スクール・コミュニティ」（学校中心のまちづくり）になる。三段活用を上がっていくプロセスによって地域力や絆が強くなります。いきなり第三活用から始めることも可能ではありますが、一緒に山を登るなかで地域を形成することができます。

貝ノ瀬：三鷹はおそらく第三活用の段階だと思います。それは、学校を核とした地域づくりの段階と言ってよいと思います。その

ために、教育委員会内はもとより地域づくりや福祉等の行政や自治会、地域運営組織等の地域関係団体とも連携・協働することも重要です。

今、学校3部制ということで、通常の学校教育と、放課後地域子ども教室、夜の地域の大人の学びの3つを行い、かつ、学校をもっと地域にオープンにして、子ども食堂や高齢者のデイサービスなどの福祉的な機能を持たせることも考えられます。学校は地域の財産なので、防災上の避難所という役割ももちろんあります。

鈴木：私は学校の保健室も地域の方々に活用してもらうとよいと思っています。そうすれば、地域の方の健康管理も行うことができます。体重計や血圧計を使ってもらい、養護教諭が健康管理のアドバイスをできるようにするといいのではないでしょうか。学校をコミュニティセンターにするということです。これが「コミュ

ニティ・スクール 2.0」といえます。

　これまでは「学校支援地域本部」（2008〜2016 年）でしたが、それが「協働」となりました。学校が地域からしてもらうばかりだったのが、今は「協働」となり対等な関係性です。ただ、少子高齢化から地域は今後さらに弱くなっていくことが予想されますので、今度は学校が地域のために何ができるかを考える段階にきています。

貝ノ瀬：少なくとも施設の開放はできるわけですね。学校の社会貢献は、「学校を地域に開く」ことだと思います。学校は子どもへの教育機能だけでなく、地域の福祉機能、防災機能、生涯学習機能、遊び場機能など、多様な地域のコモンズ（共有地）としてあるべきだと考えます。

鈴木：夜、施設を遊ばせておくのはとてももったいない。学校図書館も地域の方々が活用できるとよいですよね。蔵書を使用するだけでなく、今はテレワークが増えたので、昼間、保護者に学校図書館でテレワークをしてもらい、情報の授業のときだけ ICT サポーターとして手伝っていただくということも考えられると思います。例えば 4 時間目の 45 分だけなら、保護者の昼休みを多少前後することで可能ではないでしょうか。子どもと一緒に学校に出勤してもらい、学校がコ・ワーキングスペースにもなるのです。まさに地域の核として学校を位置づけることができます。

貝ノ瀬：そうですね。そして、学校施設を活用するという利便性を超えて、人間にとってなくてはならない「ぬくもりのあるつながり」、まさにコミュニティとして、つながって共に生きていく場所こそ学校であるということが理想ですね。

鈴木：そう思います。学校に給食機能もあるので、私はやはり学校に子ども食堂とシニア食堂もつくるとよいと思います。そうすれば、朝は朝食が家で食べられない子どもが来て、昼は給食、夜は独居の高齢者も来て、子どもと一緒に食卓を囲み、団らんの場を持つことができます。

貝ノ瀬：これからはコミュニティ・スクールを梃子（ツール）として地域を発展させていくということですね。

その点は、2021年1月の中央教育審議会答申「「令和の日本型学校教育」の構築を目指して」において、学校は「これまで以上に福祉的な役割や子供たちの居場所としての機能を担う」とあります。

鈴木：そうすると、学校を中心に多様なつながりをつくることができます。私は今「ウェルビーイングコモンズ（well-being commons）」といって、学校を老若男女が幸せを実感できる場所にしていくことを提唱しています。OECDの「Education 2030」でも、「individual's well-being」と「society's well-being」が記されています。

貝ノ瀬：「個人の幸せ」「社会の幸せ」ですね。三鷹も教育の最上位の目的を「ウェルビーイング」にしています。今までは「人間力」「社会力」を目的にしていましたが、これらはウェルビーイング実現のための条件であると整理しています。

鈴木：「民主主義」は、本来的には市民が自分たちの幸せを自分たちでつくることでもあります。人からあるいは上から与えられるものではなく、自助と共助・互助をもって実現することができ

ます。コミュニティ・スクールは20年間、この実現に携わってきました。

貝ノ瀬：おっしゃるとおりですね。ウェルビーイングを実現するためにもコミュニティ・スクールの推進に今後も力を入れていきたいと思います。本日はありがとうございました。

《注》

※1　国の教育行政機関として「教育技能省」があり、その下部に参事会教育専門委員会（地方教育担当局、略称「LEA」）がある。

※2　従来の公立学校では改善が期待できない、低学力をはじめとするさまざまな子どもの教育問題に取り組むため、親や教員、地域団体などが、州や学区の認可（チャーター）を受けて設ける初等中等学校で、公費によって運営。州や学区の法令・規則の適用が免除され、一般の公立学校とは異なる方針・方法による教育の提供も可能。ただし、教育的成果をチャーター交付者により定期的に評価され、一定の成果を挙げなければ、チャーターを取り消される。なお、アメリカ合衆国では教育に関する権限は州にあり、チャーター・スクールに関する制度は州によって異なる。このため、チャーター・スクールの設置許可の主体や設置許可数の制限の有無、教員免許を持たない教員の任用の可否などは、州によってさまざまである。（文部科学省ホームページ「アメリカ合衆国のチャーター・スクールについて」）

※3　OECD（2018）のポジション・ペーパーによると「エージェンシーは、社会参画を通じて人々や物事、環境がより良いものとなるように影響を与えるという責任感を持っていることを含意する」とある。これは新学習指導要領で示されている主体性に近い概念だが、より広い概念と考えられる。（「OECD ラーニング・コンパス（学びの羅針盤）2030仮訳」）

※4　p.33別図（「data」）参照。この図の「目標（9）」から、「保護者や地域住民との協働による取組は、学校の教育水準の向上に効果があった」と考える学校の割合が90％以上と非常に高いこと、地域の住民の皆様が学校の協同活動に延べ1,100万人前後も参加していることがわかる。また、「目標（6）」からは、子育ての悩みを相談できる保護者の割合の改善が3割にものぼること、地域の行事に参加している児童生徒の割合が小学校で6割前後、中学校でも4割前後で改善していることを読み取ることができる。

※5　文部科学省では、「地域と学校の連携・協働体制構築事業」において、コミュニティ・スクールと地域学校協働活動を一体的に推進する自治体の取組

を支援するため、地域学校協働活動推進員や地域ボランティア等の諸謝金、活動に必要な消耗品等の経費に対する国庫補助を行っている。
※６　社会教育法第９条の７に規定する地域学校協働活動推進員または地域学校協働活動推進員と同様の役割を担う者をいう。

data

目標（6）家庭・地域の教育力の向上、学校との連携・協働の推進

第3期教育振興基本計画の指標の状況

測定指標：地域において子育ての悩みや不安を相談できる人がいる保護者の割合の改善

子供を通じた地域とのつながりにおいて、
子育ての悩みを相談できる人がいる保護者の割合

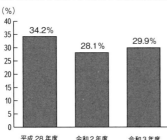

平成28年度の調査時に比べ、令和2年度は、子育ての悩みを相談できる人がいる保護者の割合が低下し、3年度においてもほぼ横ばいである。新型コロナウイルス感染症の感染拡大の影響も考えられる。

令和2年度「家庭教育の総合的推進に関する調査研究～家庭教育支援の充実に向けた保護者の意識に関する実態把握調査～」（文部科学省委託調査）

測定指標：地域の行事に参加している児童生徒の割合の改善

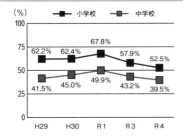

H30からH31の間ではあてはまる・どちらかといえば、あてはまると回答した割合が増加したが、R3、R4は減少している。これは新型コロナウイルス感染症の感染拡大により、そもそも地域行事自体が自粛された影響等も考えられる。

文部科学省「全国学力・学習状況調査」（質問）「地域の行事に参加している」について、「している」、「どちらかといえば、している」と回答した児童生徒の割合の合計

目標（9）学校・家庭・地域の連携・協働の推進による地域の教育力の向上

次期（第4期）教育振興基本計画の指標の状況

指標	実績値					
保護者や地域住民との協働による取組は、学校の教育水準の向上に効果があったと考える学校の割合	—	H29年度	H30年度	R1年度	R2年度	R3年度	R4年度
	—	—	92.4%	93.6%	—	93.1%	91.3%
地域学校協働活動に参画した地域住民等の数（延べ人数）	—	H29年度	H30年度	R1年度	R2年度	R3年度	R4年度
	—	1,126万人	1,168万人	1,144万人	845万人	902万人	—

出典：文部科学省中央教育審議会「次期教育振興基本計画について（答申）参考資料・データ集」、2023年3月8日

第 **2** 部

コミュニティ・スクール
のつくり方

コミュニティ・スクール設置にあたり教育委員会はど
のような手順で何をしたらよいのか。学校、地域との
連携を含め、一自治体（広島県府中市）の事例を中心
にその役割と具体の「つくり方・進め方」を伝授す
る。

教育委員会によって各学校に設置される 学校運営協議会

（1）教育委員会のコミュニティ・スクール担当者の皆さんへ

文部科学省による 2022（令和4）年5月1日現在の「令和4年度コミュニティ・スクール及び地域学校協働活動実施状況」調査によると、全国で 15,221 校（全国の公立学校のうち 42.9％）がコミュニティ・スクールを導入していると報告されている。

コミュニティ・スクールの導入にご尽力されている教育委員会の皆様にまずもって敬意を表したい。

第2部では、コミュニティ・スクールを導入する際の教育委員会の役割について、私の経験をもとにお伝えしていきたい。

はじめに、私とコミュニティ・スクールの出会いは、2011（平成 23）年4月に市内の中学校から広島県府中市教育委員会学校教育課に異動となり、教育行政の仕事がスタートしたことから始まる。

本市では、2012（平成 24）年に計画的に市内全校にコミュニティ・スクールを導入していくことが決定され、2013（平成 25）年から担当になり、市内全校（小学校6校・中学校2校・義務教育学校2校）のコミュニティ・スクール設置に携わり、担当として10 年目を迎えている。

また、2016（平成 28）年からは、文部科学省 CS マイスター※1 として全国のコミュニティ・スクールに関わる多くの皆様と交流をさせていただいている。

私がコミュニティ・スクール担当となり、1年後には市初のコミュニティ・スクールを指定（現在は「設置」と言うが、当時は「指定」となっていた）しなければならないという状況であり、コミュ

ニティ・スクールについて何も知識もなく、何をどうしていけば
よいのか右も左もわからない状況であった。

　地域住民への研修会でコミュニティ・スクールの説明を行った
後に、プロ野球のCS（クライマックスシリーズ）かと思ったと
言われ、苦笑いをしたのを今でも覚えている。そのときの私の説
明を振り返ってみると、学校の先生方、地域の皆さんにわかりや
すくコミュニティ・スクールのイメージを伝えることができてい
なかったと反省するばかりである。

　各教育委員会で担当になった方は、今までに経験したことのな
いコミュニティ・スクールを、導入の予定日までに組織をつくり、
規則を整備し、スタートさせなければならないという重圧で不安
になってしまうのは当然のことである。

　私が担当になった2013（平成25）年当時の全国のコミュニティ・
スクールは1,570校であり、周りにはコミュニティ・スクールを
知っている人はほとんどおらず、文部科学省の資料と先進事例を
頼りに取組を進めていたが、自分のなかでイメージがつくれず苦
慮していたことを覚えている。

　自分のなかでコミュニティ・スクールが腹に落ちたと感じたの
は文部科学省CSマイスターの先生との出会いであった。コミュ
ニティ・スクールの実践はもとより、どのようにつくっていくの
か、子どもたちの学びを充実させていくために地域ができること
は何か、熱い思いを生の声で聞かせていただいた。

　コミュニティ・スクールの魅力の一つに「人と人をつなげる力」
があると考える。全国各地でさまざまな取組が行われており、熱
い思いを持って関わっている人が多くおられる。これから始めよ
うとする教育委員会の担当者の方は一人で抱え込まず、先進校視
察等を通して、実践されている皆さんとつながりをつくっていく
ことが大切である。

これはコミュニティ・スクール担当者の役得の一つであり、地域・保護者・学校はもちろんのこと、全国にネットワークを持つことができ情報を収集することができる。集めた情報のなかから必要なものを活用して自らの実践につなげていくこと、すなわち「情報収集」は担当者の重要な役割である。

　コミュニティ・スクールの取組を通しての人とのつながりは、担当者にとって宝になることは間違いない。

　教育委員会の役割として大切なことは、「何のためにコミュニティ・スクールをつくるのか」を明確にすることである。

　教育施策として、コミュニティ・スクールという仕組みを導入し、効果的に活用することによって、地域・家庭・学校の真ん中に子どもを置いて、この地域の子どもたちをどんな子どもに育てたいのか、子どもたちにどんな力をつけていきたいのか。育てたい子ども像を教育委員会全体で共有することが第一歩になる。

　2017（平成29）年に学校運営協議会制度の導入が努力義務化されたことにより、これまでの教育委員会が学校運営協議会を設置する学校をコミュニティ・スクールとして指定する（任意設置）制度から、すべての公立学校に学校運営協議会が置かれることが前提となっている。

　教育委員会はやらなければならないから設置の取組を始めるのでなく、「何のために設置するのか」という高い意識を持って導入の準備をしていく必要がある。

　コミュニティ・スクールを導入することが目的でなく、その仕組みをどう活用して子どもたちに力をつけていくかが問われる。とにかく、時間のかかる取組であることから持続可能なものにしていかなければならない。

　直面する課題に一つひとつ向き合い、解決していくことで取組が深化していくことを実感している。

コミュニティ・スクールづくりは、それぞれの学校・地域の「物語づくり」であると考える。

同じ市、町であっても学校、地域の実態は異なることから、それぞれの「コミュニティ・スクール物語」がつくられていくことになる。

教育委員会にはその物語づくりを支援し、伴走していくことが求められる。

何はともあれ、導入を推進する各教育委員会の本気さ、担当者の熱量が成功するか否かの鍵を握っていることは確かである。

教育委員会のコミュニティ・スクール担当者は、自分が未来の学校づくりを担うことを意気に感じて推進することである。

（2）「何のために」コミュニティ・スクールをつくるのか

教育委員会は、何のためにコミュニティ・スクールを導入するのかを、わかりやすく地域・学校・保護者に伝えなければならない。

そのためには、目的を明確に示す必要がある。

つまり、それぞれの教育委員会が示す方針に沿って、コミュニティ・スクールをどう機能させていくのかを意味づけなければならないということである。

参考として、本市でのコミュニティ・スクール導入の捉え方を紹介する。

【府中市のコミュニティ・スクール】
　コミュニティ・スクールのよさは、地域の中の学校と家庭が、子どもたちに「あたたかい視線」を送り続けるという立体的な構図が生まれることであり、その真ん中で育つ子どもたちは、自然な形で「社会性・市民性」や「人間性」を身に

付ける機会を得ることができることにある。

　府中市では、「地域とともにある学校づくり」をめざし、2004年度（平成16年度）から取組を推進している小中一貫教育を縦糸、コミュニティ・スクールを横糸として、府中市教育を織り成していくことにより、地域総ぐるみで将来の府中市を支えていく子どもたちを育てていくとともに、地域の絆を強くし、地域を活性化させていくことをねらいとしている。

　コミュニティ・スクールの取組を通して、グローバルな感覚とローカルなアイデンティティを持ったグローカル人材の育成を目指している。さらに、学校が主体性を維持しつつ、地域とともにある学校として運営することを通して、地域の視線が理解から協力へ、更には参画へと膨らみ、地域の教育力が育つことを期待している。

　また、コミュニティ・スクールを「地方創生」の鍵と捉え、地域の大人が、「地域の学校に通う子どもたちのために何かする」という目線を組みかえて、地域の子どもたちを「将来の地元を支える若者」として捉え関わることが、地域の課題解決に取り組み続ける人材育成に繋がると考える。地域・家庭・学校の真ん中に子どもを置き、子どもたちとともに今必要な学びを生み出していく、そして、学びを作り続ける。ここに地域創生のスイッチがあると考えている。

　学校と保護者、地域住民が育てたい子ども像を共有し、一体となって地域の子どもたちを育むとともに、関わる大人たちの成長も促すことで、地域の絆を強め、地域づくりの担い手を育てることに繋げていきたい。

　さらに、様々なかかわりを折り重ねた広がりの中で、グローバルなセンスとローカルなアイデンティティを兼ね備え、や

がて社会に出て人の役に立つ存在となる子どもたちを育成したい。

　このことは、今求められている「社会に開かれた教育課程」の理念を実現することにもつながるものである。

教育委員会内で職員へ向けて研修を行い、コミュニティ・スクールを導入する目的を共有することにより、担当者だけでなく、導入に関わるすべての者がそれぞれの役割において当事者として関わっていくことができるようになる。

　まずは、戦略を練るとともに熱量を高めていくこと、教育委員会内での体制づくりも重要なポイントである。

（3）教育施策に位置づける

　地域・保護者・学校にコミュニティ・スクールの導入を説明していく際には、教育委員会の教育施策に位置づけて進めていくことになるが、本市では教育大綱に基本方針と取組を示している。

　教育大綱に示すことにより、市立学校の校長に学校経営の柱となることを周知するとともに、広く市民への理解を図っている。

　参考として、府中市教育大綱　〜「可能性」と「チャンス」を生かす教育のまち〜　Ⅲ 大綱の基本方針と取組み（2018 年 11 月 21 日、抜粋）を紹介する。

Ⅲ 大綱の基本方針と取組み

　府中市の教育、学術及び文化の振興に関する総合的な施策について、その目標や施策の根本となる方針を定めるものです。

> 1　可能性に挑戦し、チャンスを活かす資質・能力の育成
>
> 　　市民一人一人が、生涯にわたって自らの「可能性」と「チャンス」を最大限に生かすことができるよう、小中一貫教育を中核に、保幼小連携、中高連携を通して一貫性のある教育を推進します。
>
> 　　ここに、コミュニティ・スクールを機能させ、地域にも世界にも目を向け、グローバルに活躍する人材を、社会全体で育成します。
>
> （1）確かな学力・豊かな心・健やかな体の育成
> （2）家庭・地域の教育力向上
> （3）地域や産業界と連携したグローバル人材の育成

　また、教育大綱の内容をわかりやすく伝えていくためにリーフレットを作成している。

　リーフレットの一部（抜粋）を紹介する。

「小中一貫教育」と「コミュニティ・スクール」とで学びを創る
出典：府中市教育委員会リーフレット

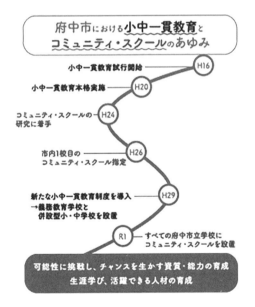

府中市におけるコミュニティ・スクール導入の流れ
出典：府中市教育委員会リーフレット「小中一貫教育」と
「コミュニティ・スクール」とで学びを創る

府中市コミュニティ・スクールの概要

Society5.0時代で活躍する
子供の育成と地域づくりを目指して

府中市コミュニティ・スクールは、「地域とともにある学校づくり」と「学校を核とした地域づくり」の両輪で取組みを進めている。
この両輪をつなぐ軸、それが子供たちの学び＝「社会に開かれた教育課程」である。

平成16年当時、市内の子供たちの実態から、基礎的・基本的な学力の定着と中1ギャップの解消を目的として小中一貫教育を導入することを決め、取組をスタートして15年。

平成29年度には、新たな小中一貫教育制度を導入し、二つの義務教育学校と二つの併設型小・中学校を設置。
全ての府中市立学校が教育課程の特例を活用できる学校となりました。

また、平成26年度には、市内1校目のコミュニティ・スクールを指定し、令和元年度に全ての府中市立学校がコミュニティ・スクールとなりました。

小中一貫教育とコミュニティ・スクールとで創る府中市の教育。
超スマート社会（Society5.0）で活躍できる人材を育成します。

府中市のコミュニティ・スクールの考え方
出典：コミュニティ・スクールびんご府中版

2 コミュニティ・スクール導入に向けた 手順と段取り

（1）コミュニティ・スクールづくりは、「物語づくり」

　全国には 15,221 校（2022 年 5 月 1 日時点）のコミュニティ・スクールが設置されているが、まったく同じものはない。それぞれの学校ごとに人が違い、地域性が異なることから、それぞれ特色のあるコミュニティ・スクールがつくられていく。

　コミュニティ・スクール導入に携わって実感していることは、コミュニティ・スクールづくりは物語づくりだということである。

　地域の学校の未来を地域と学校が協働してつくっていく取組である。

　はじめから完璧に整ったコミュニティ・スクールはどこにもなく、目の前に現れた課題を地域・保護者・学校が協働して解決していく積み重ねである。うまくいくこともあれば、そうでないときもあるが、うまくいかなかったことも、すべて物語の「ネタ」となる。

　忘れてはならないのが、繰り返すことになるが「何のためにするのか」の共有である。ともすると、真ん中に置かなければならない子どもたちが遠いところに置かれたままで議論がなされていることもしばしば見受けられる。

　コミュニティ・スクールの取組で失敗はない。そこでの課題を次にどうしていけばよいかを考えていく、まさに協働的な学びがそこにある。

　楽しみながら、それぞれの物語をつくっていってもらいたい。

（2）コミュニティ・スクール導入までの準備

【教育委員会が準備すること】
①「教育振興基本計画」等、各自治体の施策に位置づける
②教育委員会内での承認
　　・「学校運営協議会規則」（教育委員会規則）の作成
③学校運営協議会委員の報酬条例及び規則の整備
④議会での承認（予算措置）
⑤学校運営協議会委員の任命の流れ
⑥導入計画の作成
⑦コミュニティ・スクール研修会及び説明会の実施
　　・学校管理職及び教職員への周知と研修
　　・学校運営協議会委員への周知と研修
　　・保護者及び地域住民への説明
⑧情報発信
　　・教職員、保護者へ
　　・地域住民へ
それぞれについて、ポイントを説明する。

①「**教育振興基本計画**」**等、各自治体の施策に位置づける**

　コミュニティ・スクールを導入する目的を「教育振興基本計画」等、各自治体の施策に位置づけるとともに、総合教育会議等を通して、首長部局への周知と連携協力体制の構築を行う。

②**教育委員会内での承認**

　学校運営協議会を設置する教育委員会は、「学校運営協議会規則」（教育委員会規則）を作成する必要がある。

　目的には、「地方教育行政の組織及び運営に関する法律第47条の5」による規則であることを明記する。

　定められた学校運営協議会規則に沿って、各学校運営協議会の

規則が作成されることになることから、委員の任命、守秘義務、委員の任期、報酬、委員の人数等、そして、子どもの意見聴収なども実態に即して検討する必要がある。

③学校運営協議会委員の報酬条例及び規則の整備

学校運営協議会委員は非常勤特別職の地方公務員として一定の権限を有する。「地方自治法第203条の2の規定による者の報酬及び費用弁償の額並びにその支給方法条例」により、報酬条例を定める必要がある。

④議会での承認（予算措置）

学校運営協議会の設置及びその活動に必要な予算措置を行うために、議会での承認が必要となる。

⑤学校運営協議会委員の任命の流れ

委員の任命については、各学校から教育委員会へ提出された推薦書をもとに、教育委員会が任命する。

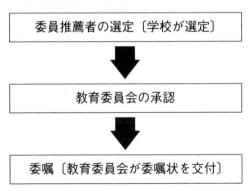

委員推薦者の選定〔学校が選定〕

↓

教育委員会の承認

↓

委嘱〔教育委員会が委嘱状を交付〕

【任命までの流れ】

【参考例】　　　　　　　　　　　　　　　　　令和5年　月　日

令和○年度学校運営協議会委員推薦者一覧

学校名

校　長

	氏　名	性別	年齢	住　所	備　考	新任・継続
学識経験者						
地域住民						
児童又は生徒の保護者						
設置校の教職員						

※枠は人数に応じて、15人以内で変更してもかまいません。

学校運営協議会委員推薦者一覧（例）
出典：府中市教育委員会　府中市学校運営協議会規則

（別 紙）

【参考例】

令和〇年〇月〇日

〇〇市教育委員会教育長様

令和〇年度学校運営協議会委員推薦書

学校名
校　長

本校の学校運営協議会委員として、次の方を推薦します。

氏　名		（年齢　　歳）
住　所		（連絡先　　　－　　　　）
職　歴	現職	
	元職	
推　薦　理　由		

【参考例】　　　　委　嘱　状

	（氏 名） 《氏名》

　　〇〇市立《学校名》学校運営協議会委員を委嘱する

　　　委嘱期間は令和〇年〇月〇日から令和〇年〇月〇日

　までとする

　　　令和〇年〇月〇日

　　　　　　〇　〇　市　教　育　委　員　会

〈上〉推薦書と〈下〉委嘱状（例）
出典：府中市教育委員会　府中市学校運営協議会規則

学校運営協議会委員の選定は、重要なポイントとなることは間違いない。コミュニティ・スクールは「地域とともにある学校づくり」と言われるが、その活動を核としての地域の活性化の取組でもあることから、学校及び地域が抱えている課題の解決にともに汗を流してもらえる人選をしていかなければならない。

　まずは、校長の学校経営を理解してもらえることが重要であるが、ときには学校にとっては耳の痛い話であっても、課題解決に向けてともに取り組んでいく当事者として話をしていただける方を選んでいきたい。コミュニティ・スクールが「辛口の友人」と表現される所以である。

　次に、コミュニティ・スクールの活動は、地域と密接なつながりを持つことから、地域に広くネットワークを持つコーディネーターの役割ができる方が必要である。

　その他、地域で活動されている各団体の皆さんのなかから委員に選出されるケースが多く見られるが、新しい視点として地域の企業からの委員の選出も考えていただきたい。

　企業経営の視点から意見をいただけるとともに、今、各学校に求められている「社会に開かれた教育課程」の創造に向けて力強い存在になることが期待される。

　そんなに都合よく人財が見つかるわけがないと思われるかもしれないが、地域は人財の宝庫である。

　地域には、各校の地域課題に応じた適切な人財がいることは、コミュニティ・スクールの設置に関わるなかで実感してきたことであり、地域の人とのつながりを広げていくことが、子どもたちの豊かな学びと地域の活性化につながることになる。

⑥導入計画の作成

　コミュニティ・スクールの導入は教育委員会が教育施策として行うことであることは前に述べたが、計画的な導入プランを立て

ることが必要である。

　傾向として、導入プランは大きく2パターンに分けられる。

　1つ目は、モデル校として教育委員会が指定した学校に先行して導入し、その後、所管する学校に一斉に導入する。

　2つ目は、所管する学校に順次導入をしていく。

　それぞれに長所と短所があることを認識した上で、各教育委員会の実態に応じた計画作成を行わなければならない。それぞれの特徴を整理する。

	モデル校に導入後、一斉に導入	各校に順次導入
長所	・短期間での全校導入が可能 ・所管する学校の多い教育委員会に適している ・一斉の指導が可能	・各校の実態に応じて準備をすることができる ・教育委員会の支援が丁寧にできる
短所	・準備の期間が短く、学校関係者及び地域住民への周知が進みにくい	・全校導入までに一定の期間を要する ・各校の取組に差が生じる

コミュニティ・スクール導入プラン

　導入計画は、所管する学校数、学校及び地域の実態、導入期間等、各教育委員会の実情に合わせて検討する必要がある。

　本市での導入計画について紹介する。

　小学校6校、中学校2校、義務教育学校2校という規模であることから計画的に順次導入することとした。

　次に示すように、8年間で市内全校に導入を行った。

　こだわりは、導入にあたりすべての学校に2年間の準備期間を置いたことである。

　導入の順番については、各校の地域実態及び小中一貫教育を推進する中学校区のバランスを考えながら計画を作成した。

各校にコミュニティ・スクール準備委員会を設置し、熟議を重ねるなかで、何のためにコミュニティ・スクールを設置するのか、どんな子どもたちを育てたいのかを明確にするとともに、思いを共有できたことが導入後の取組の充実につながっていると考えている。

準備委員会の取組については後述するが、準備委員会のメンバーが学校運営協議会委員となる流れをつくった。

準備期間中の準備委員会のメンバーの研修と熟議の深まりが、重要なポイントである。また、準備委員会は、設置後、検証委員会としての役割を果たしてもらうのもよい。

設置の歩み ~2年間の準備期間を経て学校運営協議会を設置~	
平成24年度	コミュニティ・スクール全市導入決定
平成26年度	府中明郷学園（府中明郷小・中学校）
平成27年度	栗生小学校、南小学校
平成28年度	府中学園（府中小・中学校）
平成29年度	上下北小学校、上下南小学校、上下中学校
平成30年度	国府小学校、旭小学校
平成31年度	第一中学校

府中市におけるコミュニティ・スクール導入のイメージ
出典：コミュニティ・スクールびんご府中版

⑦コミュニティ・スクール研修会及び説明会の実施

学校の教職員、保護者、地域住民へのコミュニティ・スクール導入の説明会及び研修会の開催は、教育委員会の重要な仕事である。

関わっていただく皆さんにわかりやすくコミュニティ・スクールを理解してもらう工夫が必要となる。

仕組みの説明には右の図がよく使われている。

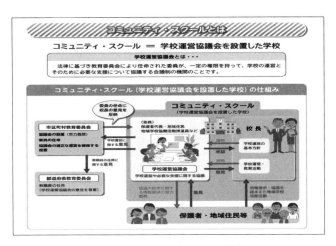

コミュニティ・スクールの仕組み
出典：文部科学省　これからの学校と地域

　説明会において、仕組みを知ってもらうことは大切なことであるが、まずは、コミュニティ・スクールのよいイメージを持ってもらうことが必要である。

　私は、1枚の写真を使って研修会に参加された皆さんに考えてもらっている。

　この写真は、コミュニティ・スクールが設置された学校の体育祭でのコミュニティ・スクール種目「騎馬レース」の一場面である。

　この種目は、学校運営協議会でコミュニティ・スクールに参加した保護者、地域の方への周知をねらいとして考えられた種目である。

　競技中の実況中継で、面白

コミュニティ・スクール種目
「騎馬レース」

おかしく、わかりやすくコミュニティ・スクールのよさを伝えていた。まさに、コミュニティ・スクールだからこその種目である。

　研修会では、概要を話した後に、「この写真1枚で、コミュニティ・スクールを説明してもらいたいと思います。感じとれることやコミュニティ・スクールのイメージを話し合ってみてください」と投げかけ、参加者同士で話し合ってもらうのである。

　どの研修会においても、ワイワイガヤガヤと笑顔で話し合いが始まり、雰囲気もよくなる。これがコミュニティ・スクールのよさであると感じる場面である。

　意見交流の場面では、次のような声を聞くことができる。

・みんな笑顔で楽しそう

・子どもを大切にしている雰囲気が伝わる

・ユニフォームに統一感がある

・地域、学校、家庭が協力して子どもを育てているイメージ

・3人の大人が、地域の人、学校の先生、保護者じゃないかな

・みんなでゴールを目指して協力していることがわかる

　このほかにも、昔は地域の運動会があって、全員が集まって楽しかった等、それぞれの立場からたくさんの意見が出され、話題も広がっていく。出された意見は、まさにコミュニティ・スクールで実現していく姿なのである。

　交流後に意見を整理をしながらコミュニティ・スクールの目的を次のように説明する。

　コミュニティ・スクールは地域、学校、家庭の真ん中に子どもを置いて、育てたい子ども像を共有して、それぞれの役割を持って地域の子どもたちを育てていく取組である。

　騎馬をつくっている3人は地域、学校、保護者であり、その上に子どもが安心して乗ってゴールに向かって進んでいる。ゴールは育てたい子ども像である。

留意してもらいたい点は、騎馬をつくっている３人の大人の身長は違っているが、高さがそろっていることである。そろっていなければ子どもは落馬してしまうことになるのである。

　この「高さをそろえる」ということは、「意識をそろえる」ということであり、「育てたい子ども像を共有する」ことである。

　地域の人、学校の教職員、保護者、それぞれこんな子どもに育ってほしいという願いは異なっているかもしれない。

　同じゴールに向かって進むために、熟議を重ねていくことが必要となる。大事なことは、同じゴールに向けてベクトルが同じ方向にそろうということである。

　この競技の終盤に、もう一つの物語があったことをつけ加えたい。

　騎馬の一つがゴール直前で止まり、生徒が支える方にまわり地域の方を上に乗せてゴールしたのである。ゴール後の生徒がインタビューに次のように答えた。

　「僕は、小さい頃からずっと地域の皆さんに大切にされて、ここまで大きくなった。これからは、お世話になっているばかりではなく、僕たちが地域を支えていくようになりたい。」

　こんな子どもたちが育っていくことを期待するばかりである。

　コミュニティ・スクールをより身近に実感を伴って理解してもらえる工夫が必要である。

⑧情報発信

　教育委員会のホームページ、マスコミ、市の広報、リーフレット配布等、あらゆる機会を捉えて繰り返し行う必要があり、取組の周知を図るために、情報発信は不可欠である。地域も世代交代がある以上、周知は導入後も永遠の課題であると考える。

　また、議会答弁や学校、地域での各会の挨拶等を通して、コミュニティ・スクールについて話していくことも効果的である。

（3）各学校が行う準備

　学校が行う導入準備については、教育委員会の主導で行うことになることが多い。

　教育委員会が、学校に対して「新しいこと」を提示する際に、歓迎されることはほとんどない。忙しくなるんじゃないか、また新しいことを教育委員会はさせようとしている、負担が増えるのではないか、という抵抗感があるのが普通である。

　コミュニティ・スクールは決して新しい取組ではないこと、あわせて、これからの子どもたちに必要とされる力をつけていくために、必要な仕組みであることを学びと結びつけて伝えなければならない。

　大切なことは、今までの学校の学びや地域との関わりを、コミュニティ・スクールの視点で見直すことである。

　「コミュニティ・スクールの視点での見直し」とは、今までの学校での学習や地域行事等について、地域・学校・家庭が、その学びや活動を通して子どもたちにつけたい力を共有し、それぞれの役割を持って当事者として関わっていくことにより、今までより豊かな学び、活動へとアップデート（更新）していくことである。

　このことが、学校での学びが学校のなかだけで閉じてしまう学びではなく、学校での学びが生きて社会とつながる学び、まさに、求められている「社会に開かれた教育課程」の創造につながっていくものであると考える。

　地域へ目を向けると、学校は昔から地域の人が集まる場所であり、地域の人とのつながりが深い場所である。

　コミュニティ・スクールを導入する前から、学校は地域とつながっており、地域から多くの支援をいただいていることから、今までも学校と地域は良好な関係であるし、コミュニティ・スクー

ルを導入する必要はないという意見が出されることも少なくない。

　そこで、地域課題に目を向けさせるとともに、この地域の未来をつくるのは子どもたちであること、地域の未来を託すために地域総ぐるみで子どもを育てていくことが必要であることを伝えていかなければならない。

　実際、地域の伝統行事や伝統芸能が、担い手不足でその継承が難しくなっていることを学校運営協議会で話していただいたこともある。地域の宝を未来へつないでいくのは子どもたちであり、ともに知恵を絞り、未来へつなげるかたちにしていかなければならないと考える。

　コミュニティ・スクールの取組は、「温故創新」の取組である。地域課題と向き合い、地域で解決していく力、これは、正解が一つではない課題を他者と協働し最適解を求めていく力、まさにこれからの子どもたちが身につけていかなければならない力である。

　地域と学校が解決に向けて協働すること。地域と学校を結びつけるものは「学び」なのである。

　「人は人を浴びて、人になる」という言葉があるが、その機会をつくることができるのである。

　コミュニティ・スクールという仕組みを効果的に活用することにより、豊かな学びが創造されるとともに、地域の活性化につながると考える。

　学校が行う準備は大きく２点である。

　それぞれについて、ポイントを説明する。はじめは、校長を中心に校務分掌の「地域連携担当」職員が担うが、将来的には学校運営協議会委員の主な役割となる。

　①学校運営協議会準備委員会の設置
　②導入に向けた研修会の実施

①学校運営協議会準備委員会の設置

　準備委員会のメンバーは、これからの活動の中心となる皆さんであることから、人選が肝となる。

　「地域人財の発掘」をテーマに、さまざまなネットワークを活用して準備委員会を立ち上げてもらいたい。

　メンバーが学校関係者ばかりになるのではなく、学校を支援してもらっている地域の企業と連携することも、広がりのある活動となる。

②導入に向けた研修会の実施

　研修会については、次のようなことを計画していく必要がある。
　・準備委員会での熟議
　・コミュニティ・スクールの先進地視察研修
　・学校の教職員への研修
　・保護者、地域住民への研修

　研修会の講師については、文部科学省のCSマイスター派遣の活用や先進地の教育委員会と連携を取ることをお薦めしたい。

　先進地視察は、自校の実態に即した視察地を選定してもらいたい。視察依頼の際に、学校の教職員の話だけでなく、地域の委員さんからも話が聞けるようにお願いしてみてもらいたい。

　コミュニティ・スクールに関わる同じ立場の人同士で話をすることで、その後の取組に意欲を持つことができるのである。

　また、視察に行った学校といつでも連携できる関係をつくることは、これから導入する学校にとって心強いつながりになることは間違いない。

　この研修会等を通して、「何のためにコミュニティ・スクールを我が校は設置したのか」、そして、子どもや学校、地域等の諸課題に対して、自分自身が「当事者」としてどのように関わりを持つべきか等の意識化が進められることは言うまでもない。

おわりに

本市がコミュニティ・スクールに取り組み10年余りになる。

失敗を繰り返しながらゆっくりと成熟していく取組であると実感している。

本市で最初にコミュニティ・スクールを導入した、府中市立府中明郷学園の校長、学校運営協議会会長の思いを紹介する。

地域と学校の挑戦の裏側　「学校」の思い

竹内博行
府中明郷学園 校長

立石克昭
府中明郷学園
学校運営協議会　会長

「皆さんとのつながりを広げていきたい。」

府中明郷学園で2年目を迎えました。着任して初めての学校運営協議会、緊張の中、学校経営方針について説明をしました。司会の方の「質問はありませんか」の声に対し、ほとんどの委員さんが一斉に手を挙げられた光景は衝撃的でした。承諾したからには全面的に協力すると、委員の皆さんの意識の高さを目の当たりにし、スタートしたことは忘れることができません。

本校でのコミュニティ・スクールの原点は、現在、生活科・総合的な学習の時間を中心とした9年間のカリキュラムをもとに、保護者、地域の皆様と共に子供たちの成長や資質能力の育成に取り組むとともに、企業の皆様の協力をいただき横擬会社経営にも挑戦しています。学校と地域が同じ方向で取り組めることは、本校の強みであり誇りでもあります。

昨年度校内に、学校と地域をつなぐ拠点として「むらさきラボ（スペース）」を開設しました。「一人でも多くの地域の皆さんとのつながりを広げていきたい」という思いです。そのことは、子どもたちの学びを一層深めるとともに、地域の活性化という好循環を生み出すと信じています。

引き続き、みんなで新たなことを創造し、みんなで挑戦することを大事にしていきます。

「子供たちの成長を実感する」

コミュニティ・スクール（学校運営協議会）に準備会からかかわって9年になります。1年生から9年生まで学校と地域で育てる。このことに一貫して取り組んでいますその中でも地域企業のことを子供たちに知らせ、働くことの意義や社会の役割を子供たちに学ばせていき、子供たちと地域の活性化につなげることだと思っています。

府中市で初めてとなる取組のなか、手探りでしたが、教育委員会、運営協議会の皆さん、先生方、地域の皆さんの力で毎年、進化させることができていると思います。

この学校運営協議会の大事な役目は、校長の考え方を協議、承認し、その実現に全面的に協力していくことです。また、子供たちに地域の良さや課題を知らせていき子供たちの成長と地域の活性化につなげることだと思っています。府中明郷学園は施設一体という好環境の中、小中一貫校。

コミュニティ・スクール（学校運営協議会）で義務教育学校でもあります。

「先生は風の人、地域は土の人」風と土で子供たちを育てていきます。地元にも根付く子供たちを育成したいと7年、8年生では結果も出てきた。この仕組みが持続していくには進化は必要だと思うので、教職員の交代もあります。

府中明郷学園の校長と会長のコメント
出典：府中明郷学園むらさきタイムス2022

「学校の先生は風の人　地域の人は土の人」

講演や研修の終わりに使わせていただいている言葉である。

学校の先生は、一定の期間で異動があり変わっていくが、地域の人はその土地に暮らしていく。この風と土がそれぞれの役割をバランスよく果たしていくことによって、その土地には美しい花が咲いたりおいしいものが実る。風が吹き荒れて、土埃で何も見えないところでは美しい花は咲くことはない。

風が土を耕して土が人を育てるという、持続可能な好循環をつくっていくこともコミュニティ・スクールの役割であると考える。

全国各地でそれぞれのコミュニティ・スクールが生まれ、活動の輪が広がっていくことを期待している。

（宮田幸治）

地域の中に学校を
学校の中に地域を

府中明郷学園学校運営協議会は、地域と共に成長するコミュニティ・スクールを運営し、地域を愛し、地域から世界に発信していくことができる児童生徒を育てるため、様々なチャレンジを続けてきました。

当コミュニティ・スクールでは子どもたちの学びが、地域と結びつき、主体的かつ実践的になるように、地域協創カリキュラムの開発と改善を続けています。

この取り組みを通して、子ども達が地域の方と共に、自らの未来と地域の未来を切り拓き、閉塞感の続く社会の中でピンチをチャンスに変える視点と思考と行動を育んでいきます。

府中明郷学園の
コミュニティ・スクール
出典：府中明郷学園むらさき
タイムス 2022

《注》
※１　すべての公立学校におけるコミュニティ・スクールの導入及びその機能の充実を図るため、コミュニティ・スクールや地域学校協働活動等について知識と情報が豊富であり、実践に携わった実績を有する者を「CSマイスター」として文部科学省が委嘱している。

第 **3** 部

コミュニティ・スクール
をめぐるQ&A

「学校評議員」と「学校理事会」、「PTA」の違いとは何か。あるいは高等学校における「地域」とはどのように捉えるのか？
関連制度や用語にまつわる11の問と答えでより深くコミュニティ・スクールを知ろう。

Q1 すでに「学校評議員」を導入しています。コミュニティ・スクールとどう違うのでしょうか。

▶▶▶ANSWER

　学校評議員は 2000（平成 12）年の学校教育法施行規則改正によって創設された学校運営参画の仕組みである（第 49 条）。学校運営に保護者・地域の意向を把握・反映し、これらの協力を得ようとする意味ではコミュニティ・スクールの趣旨と大きく変わらない。しかし、以下の点において両者には違いがある。

1．法的根拠と設置の在り方

　まず、学校評議員は文部科学省令である学校教育法施行規則に基づいて、学校の設置者が任意に置くものとされる。一方、コミュニティ・スクールは地方教育行政の組織及び運営に関する法律に基づいて学校運営協議会を置く学校の通称である。通称であるから地域運営学校等と称する学校もある。また、2017 年の同法改正によって、学校運営協議会の設置が教育委員会の努力義務[※1]とされたところである。

2．仕組みの在り方

　学校評議員は基本的には合議体ではなく、個々の評議員が意見を述べることができる仕組みにとどまる。ただし、実際には評議員会と称して協議会を開催する例は珍しくなかった。その役割は、「校長の求めに応じ、学校運営に関し意見を述べることができる」

とされ、意見申出対象は校長に限定され、意見申出は校長の求めがあることが前提となる。

これに対して、コミュニティ・スクールでは学校運営協議会と称する協議体を置き、協議会は校長の求めの有無に関わらず運営意見を教育委員会及び校長に述べることができる。

3. 権限・役割の在り方

前述のように学校評議員は「学校運営」に関する意見を述べる仕組みとされるが、学校運営協議会は以下の権限・役割を有する。
- ・校長が作成した学校運営の基本方針等を承認すること。
- ・学校運営について教育委員会や校長に意見申出ができること。
- ・当該校の教職員の任用[※2]に関して、教育委員会規則で定める事項について、任命権者（県費負担教職員については都道府県教育委員会）に意見申出ができること。

さらに、2017年の法改正によって学校運営や学校支援に関する協議の結果を地域住民等に積極的に提供するよう努めることとされた。

したがって、コミュニティ・スクールに置かれる学校運営協議会は学校評議員よりも積極的に活動できる仕組みになる。特に、「承認」などの権限が与えられ、教職員の任用にも一定の範囲で関与することができるわけである。しばしば教職員の個別の人事にも介入できると誤解されることがあるが、あくまでも任用に関する意見を申し出るにとどまる。

4. 委員等の在り方

学校評議員は、当該学校の職員以外の者で教育に関する理解及

び識見を有する者を校長の推薦によって学校設置者が委嘱するものとされる。これに対して、学校運営協議会委員は、地域の住民や保護者、地域学校協働活動推進員[※3]など学校運営に資する者などと選出枠組が具体的に定められ、特別職の公務員に位置づけられ教育委員会によって任命される。校長等の教職員も委員になることを妨げられていない。

5．両者の関係

　筆者らによる調査[※4]によると、コミュニティ・スクールを導入した教育委員会は学校評議員制度を廃止したり、その活動を停止したりする例が多く、これを廃止／停止した場合の方が校長の成果認識が良好なことが明らかになった。

（佐藤晴雄）

《注》
※1　2017年「地方教育行政の組織及び運営に関する法律」の第47条において、設置することができる（任意規定）から、設置することに努力しなければならない（努力義務規定）に改正された。
※2　「任命」とは、ある役目につくことへの命令であり、「任用」は、任命権者が特定の人を特定の嘱に付かせることを意味し、その方法には、採用、昇任、降任、転任がある。
※3　地域学校協働活動推進員は、社会教育法第9条の7において、教育委員会の施策に協力して、地域と学校の間の情報の共有を図るとともに、地域学校協働活動を行う地域住民等に対する助言その他援助を行うものとされる。なお、地域学校協働活動は、2017年の社会教育法の改正により、法律に位置づけられた社会教育活動である。幅広い地域住民や社会教育関係団体等の参画を得て、地域全体で子どもたちの学びや成長を支えるとともに、「学校を核とした地域づくり」を目指して行うさまざまな活動を指す。
※4　佐藤晴雄『コミュニティ・スクール 増補改訂版：「地域とともにある学校づくり」の実現のために』エイデル研究所、2019年

Q2

コミュニティ・スクールを導入することで、従来の「学校」とどこがどのように変わるのでしょうか。

▶ ▶ ▶ ANSWER

1. コミュニティ・スクールの2つの効果

　コミュニティ・スクールは、学校運営協議会の協議に基づく「承認」を行うとともに、意見申出によって学校改善がなされたり、希望した教職員が赴任したりするなどの「協議効果」がある。また、「コミュニティ・スクール」を外部に知らしめることによって地域の理解と協力を得て、地域連携が進展するという「宣言効果」もある。

2. 協議効果による課題解決

　協議効果としては、学校だけでは解決困難な課題に関して、協議会がさまざまな視点からの知見を交えた協議によって解決の方向性を見出すなどの意義が指摘できる。

　近年の学校には多様な課題が押し寄せるようになり、従来の学校教育に関する知見や人的資源では解決困難な課題が目立つようになった。生徒指導上の課題が深刻化するばかりでなく、貧困問題や発達、医療・福祉、国際化などに関わる課題への対応が求められるようになっている。

　例えば、ある小学校には要保護家庭の児童が半数以上在籍し、その児童たちは学習意欲が低いだけでなく、社会性にも乏しい傾

向にあるという問題を抱えていた。校長はそうした児童の存在は家庭に関わることであるため、指導の限界を感じていたが、その問題が学校運営協議会で話題になったときに、社会福祉士の委員から放課後学習の提案が出された。その提案とは、大学生ボランティアの協力を得て個別指導による補習教室の実施であった。

そして、教室実施が決まり、児童は大学生との対話を重ねながら学習に取り組むようになると、笑顔を見せるようになり、学習意欲も増してきたというのである。社会福祉の専門的意見が活かされた取組が課題解決につながった一例である。

このような提案型の協議のほかに、学校施設の改善や「総合的な学習」のアイデアなどに関する意見が提起されたり、教職員の留任を求める意見がなされたりする効果がある。学校運営協議会委員はさまざまな分野の人材によって構成されることから、学校内部からでは見えない課題を複眼的に捉えて学校改善が図られることが少なくない。

3．宣言効果による地域協働の活性化

「地域に開かれた学校」として、地域との交流を重視することを宣言することによって、地域人材・資源が活用され、地域住民・保護者や関係機関等の理解と協力が得られやすくなる。換言すれば、宣言効果とは「学校の壁」を低くして、閉ざされた学校ではないことを知らしめる効果なのである。学校によっては、「コミュニティ・スクール」の文字を記した看板を設置したり、コミュニティ・カレンダーを作成・配布したりする例がある。コミュニティ・カレンダーとは、学校行事と地域行事をあらかじめ記しておき、行事の競合を避けながらPRを図るアイテムである。

2017年の法改正によって、学校運営協議会の協議に学校支援

に関する事項が明記され、また地域学校協働活動推進員を置く場合には学校運営協議会に推進員を加えることとされた。この場合、協議効果も加わるが、宣言効果によって学校支援活動をはじめとする地域学校協働活動の効果的な推進が期待できるのである。

４．学校がどう変わるのか

　以上の２つの効果を有するコミュニティ・スクールは、学校が抱える課題を解決し、学校で不足する資源を補填し、さらに新たな取組をつくることによって、新たな学校づくりに資することができる。つまり、「何を正し、何を埋め、何をつくるか」という学校改善の視点からその仕組みを活用するのである。

（佐藤晴雄）

Q3 制度化以前のコミュニティ・スクールは、現在のコミュニティ・スクールとどう異なるのでしょうか。また何が課題だったのでしょうか。イギリス型コミュニティ・スクールは日本でもつくれるのですか。

▶▶▶ANSWER

　制度化以前のコミュニティ・スクール（以下、制度化以前のものは「CS」という）は戦後直後のカリキュラム改革運動として展開され、その後、地域に関わりのある学校の取組に称されていた。現在のコミュニティ・スクールは 2004 年に制度化されたが、ここに置かれる学校運営協議会は保護者・地域が学校運営に参画できる仕組みとして、意見申出などを積極的に行う権限を有し、さらに学校支援活動にも関わることとされた。

１．制度化以前のコミュニティ・スクール

　日本では、戦後直後にアメリカのコミュニティ・スクール運動の影響を受けてカリキュラム改革に焦点を置いた学校を地域社会学校（コミュニティ・スクール）と称した。その後、その運動は学力低下などが指摘されると、次第に下火になっていった。なお、この地域社会学校は保護者・地域住民が学校運営に参画できる仕組みを持っていなかった点で、現在のコミュニティ・スクールとは大きく異なる。

２．イメージとしてのコミュニティ・スクール

　その後、数十年を経てから、一部の教育委員会や学校などで

は「コミュニティ・スクール」の名称を用いた教育施策・実践を展開するようになった。平成初期から学校施設開放事業をCS事業と名づけたり、地域連携に積極的に取り組む学校でCSを自称したりする例が見られるようになった。例えば、千葉県市川市は1980年からCS事業を開始し、小学校区単位に学校・家庭・地域が一体となって子どもを育てることを基本理念として各種行事や学校支援活動を推進した。横浜市は1990年からCS事業として学校施設を地域に開放するコミュニティ・ハウス事業を開始した。また、東京都中野区立沼袋小学校（平和の森小学校に統合）は「実践型コミュニティ・スクール」[※1]と称していた。

　以上のように、CSは制度化以前には地域と関わりのある学校というイメージで捉えられ、独自に解釈されて事業化や実践化されていたのである。

3．五反野小学校の学校理事会

　その後、学校評議員の創設を経て、2000年に教育改革国民会議が「新しいタイプの学校（"コミュニティ・スクール"等）の設置を促進する」よう提案したのを受けて、文部科学省は「新しいタイプの学校運営の在り方に関する実践研究」事業を実施した。そして、この指定を受けた東京都足立区立五反野小学校が制度化後、コミュニティ・スクール指定の第一号になった。

　同校は2002年度から実践研究を開始し研究を続けるなかで、NHKで放映されたイギリスの学校の実態に関する番組から新しいタイプの学校の在り方のヒントを得た。特に学校理事会の役割に強い関心を持つこととなり、これをモデルにして、現在の学校運営協議会にあたる学校理事会を設置した。その学校理事会は教育課程や学校予算の審議、保護者・地域の意見・要望の把握、他

の機関との連携を行うこととされ、校長の公募を行ったほか、他区公立学校勤務の教員の着任を求める意見申出も行った。この同校の実践研究がCS法制化に影響を与えたことから、現在の学校運営協議会に教職員の任用意見申出が一つの権限として付与されたと解することができる。

4．京都市立御所南小学校の実践「コミュニティ」

　一方、前述の「実践研究」事業の指定を受けた京都市立御所南小学校は協議会の下部組織として「学び」「文化」「町づくり」などのコミュニティ（実働部門）を設置し、どちらかといえば、協議機能よりも、学校支援活動や地域連携活動（今日でいう「地域学校協働活動」）に力点を置く実践研究を展開した。「実践研究」の目的には、地域人財の積極的な活用なども含まれていたからである。しかし、これら学校支援や地域連携活動に関しては地方教育行政の組織及び運営に関する法律の条文に盛り込まれなかった。

　ともあれ、以上の2校の実践研究はCS創設期に注目され、コミュニティ・スクールは協議機関にとどまらず、学校支援等にも関与する仕組みだという認識が広がっていった。前出のQ2で述べた協議効果を重視したのが五反野小学校で、宣言効果を重視したのが御所南小学校だったのである。その後、コミュニティ・スクールは各地に浸透していくにつれて、学校支援や地域連携活動の仕組みとして受け入れられるようになったことから、地域学校協働活動に関する協議を法の条文に盛り込み、一方ではコミュニティ・スクール導入の阻害要因にもなっていた教職員の任用意見申出の在り方に関しては教育委員会規則で定められるよう弾力化されたのである。

5. イギリス型コミュニティ・スクールとの違い

　五反野小学校がモデルにしたイギリス(イングランド)のコミュニティ・スクールは1998年学校基準・体制法に基づいて、100%公費で運営される公立学校の一タイプである。そこに置かれる学校理事会は、入学者の決定や教職員の採用に直接関与しないが、教職員に対しては雇用者としての責任を有し、人事評価などを行う。

　このタイプの学校の場合、地方当局が教職員の採用を行うが、学校理事会は校長をはじめとする教職員の任命について決定し、校長の任免以外については校長の助言を得たり、あるいは校長に委任したりすることも可能とされる。校長と学校理事会は組織上の上下関係になく、パートナーとして責任を分担する。

　なお、イギリスには日本の教育委員会に相当する機関がなく、地方当局が学校の予算や施設管理、教職員採用などに直接に関わり、また教職員の任免など人事に関する比較的強い権限を有することから、イギリス型コミュニティ・スクールをそのままのかたちで日本に導入することは難しいと言える。

（佐藤晴雄）

《注》
※1　佐藤晴雄監修、中野区立沼袋小学校編『地域連携で学校を問題ゼロにする：実践型コミュニティ・スクールの秘訣』学事出版、2008年

Q4 高等学校でもコミュニティ・スクールは必要でしょうか。

▶▶▶ANSWER

　高等学校においても、コミュニティ・スクールの仕組みを正しく理解し、本来的な機能を活かすことで、生徒の学びも学校経営もより豊かで確かなものになる。むしろ、今最もコミュニティ・スクールの仕組みが必要なのは高等学校であると言っても過言ではない。なぜならば、小学校や中学校のように「立地上の地域」に根差した明確な校区を持たず、地域や保護者とのつながりが希薄になりがちでありながら、今、高等学校にはさまざまな視点から社会とのつながりが一層求められている。そのような状況にある高等学校にとって、コミュニティ・スクールの仕組みは、学校・家庭・地域がこれからの時代を担う子どもたちの未来に向けた目標やビジョンを共有し、連携・協働を通してその実現に向かうとともに、学校の課題や困難をともに解決していくことを可能にする有効なツールであるからだ。例えば、総合的な探究の時間に象徴されるような社会に開かれた教育課程の実現、あるいは、学校や生徒、地域が抱えるさまざまな課題を解決するためのプラットホームとしての機能をも可能にする。

　さらに、高等学校においても地域学校協働活動と一体的に推進することで、生徒の学びのフィールドが広がるだけでなく、生徒の地域への貢献や課題意識が高まり、地域づくりへの参画に発展した事例に見るように、相乗的な効果が期待できる。ただし、ここでは、後ほど詳述するように、高等学校における「地域」が立

地上の視点からの「地域」に留まらず、各校のミッション、目標、ビジョン等に応じた、より広がりのある「地域」であることを押さえておきたい。

　現在、すべての学校において「社会に開かれた教育課程」の実現が求められ、さらに高等学校では、2021（令和3）年3月の学校教育法施行規則改正により「スクール・ミッション」の再定義がなされ、「スクール・ポリシー」（3つの方針）を策定、公表している。これらは各校が設定している教育目標とも重なっているが、その実現のためにはこれまで以上に高い学校経営力が必要である。

　重ねて言えば、同施行規則改正の前提にもなっている「新しい時代の高等学校教育の在り方ワーキンググループ（審議まとめ）」でも述べられているように、今、高等学校教育に求められる「現代的な諸課題に対応し、20年後・30年後の社会像を見据えて必要な資質・能力の育成」が、果たして「学校」という枠組みのなかだけで可能なのであろうか。この点について、同審議まとめにおいても「一つの高等学校の中だけで全ての教育活動を完結させるという『自前主義』から脱却し、学校内外の教育資源を最大限に活用した特色・魅力ある教育を行うことが求められる」と指摘されている。

　全国の学校におけるコミュニティ・スクールの導入率が42.9％（2022（令和4）年5月1日現在）であるなか、高等学校における導入率は28.0％と低い状況にあるが、すでに、神奈川、和歌山、広島、山口、熊本、岐阜、鳥取の7県と大阪府では、教育委員会がすべての県立、府立高等学校にコミュニティ・スクールを導入している。また、全国的に見てもその数は、2017（平成29）年度の66校からこの5年間で982校（2022（令和4）年5月1日

現在）へと急増し、導入が加速している。その背景には、2017（平成 29）年の「地方教育行政の組織及び運営に関する法律」の改正により学校運営協議会の設置が教育委員会の努力義務とされたこともその一因としてあるが、高等学校においても先進校の事例からその有用性が認識されつつあると考えられる。

そもそも、広範囲から生徒が通学する高等学校における「地域」とは何か。高等学校がコミュニティ・スクールの導入を考える際に必ず抱く疑問である。生徒の通学区域が広範囲である高等学校で「地域」を考えるとき、小中学校のような「立地上の地域」（校区）にとどまらず、より柔軟に「地域」を捉えることができる。それが高等学校におけるコミュニティ・スクールの「強み」でもある。「地域」については、２つの考え方がある。

一つは、立地上の視点から「地域」を捉え、地域密着型の学校運営協議会を設置する「地域コミュニティ」。もう一つは、学校の特色・課題に応じた学校運営協議会を設置する「テーマコミュニティ」である。前者では、地域に密着した視点から学校運営協議会委員を人選することになり、後者では、学校の特色・課題に対応した視点から学校運営協議会委員を人選することになる。しかし、ここで大切にしたいのは、地域コミュニティかテーマコミュニティかの二者択一ではなく、学校の特色や生徒の状況、地域の実情等を勘案し、両者をバランスよく考えていくということである。そうすることにより、その学校にふさわしいコミュニティをつくることができる。

ここで明確にしておきたいのは、コミュニティ・スクールの導入は手段であり、目的ではないということである。つまり、導入はゴールではなくスタートであり、コミュニティ・スクールは進化、成長していくものである。そのためにも、各校のコミュニティ・スクール導入に際しては、設置者（教育委員会）が提示する導入

の目的を踏まえた上で、自校の特色や生徒の状況、地域の実情等を視野に入れ、自校におけるコミュニティ・スクール導入の目的をより具体的かつ明確にし、それを関係者と共有することが大切である。そうすることで、形骸化に陥ることなく、すべての関係者が「当事者意識」を持ってコミュニティ・スクールの本来的機能を活かしていくことができる。

　すでにコミュニティ・スクールを導入している学校では、学校運営の改善が行われている学校がある一方、十分な協議が行われず、定型的な報告が中心となっていたり、協議会の開催が目的化していたりするなど、形式的なものにとどまっている学校もある。その要因の一つとして、コミュニティ・スクールの趣旨や目的への理解が必ずしも十分ではないという実情がある。コミュニティ・スクールの導入にあたっては、学校のみならず、保護者や地域住民等コミュニティ・スクールに関わるすべての関係者が、相互の信頼関係のなかでこの制度について正しく理解し、学校運営協議会に当事者意識を持って参画することが重要である。

　コミュニティ・スクールの要は、何といっても「学校運営協議会」である。学校評議員制度とは一線を画し、その本来的な機能を十分に活かすことで、学校の経営力も運営力も大いに強化され、向上する。

　ご存じのとおり、学校運営協議会は法的背景のもとに一定の権限を有する教育委員会の下部組織たる合議制の機関であり、大きく次の３つの機能を持っている（「地方教育行政の組織及び運営に関する法律」第47条の５）[※1]。

　①校長が作成する学校運営の基本方針を承認する。

　②学校運営について、教育委員会又は校長に意見を述べることができる。

　③教職員の任用に関して、教育委員会規則に定める事項につい

て、教育委員会に意見を述べることができる。

　①については必須であるが、②、③については任意（「できる」規定）である。③については不安の声もあるが、教育委員会規則に則った範囲であること、学校運営協議会が合議制であること、学校の課題解決や教育活動の充実のために校内体制の整備充実を図る観点や学校運営の基本方針を踏まえ、学校と学校運営協議会が実現しようとする教育目標等に適った教職員の配置を求めるためのものである。このことを理解すれば、不安は解消し、むしろ教育委員会における人事に関する校長ヒアリングの際の大きな後ろ盾であると認識することができるだろう。

　学校運営協議会を設置する際、最も重要なのが委員の選定である。役職にとらわれず、学校のミッションや校長のビジョン、学校経営方針をよく理解し、当事者意識を持って参画、協働してくれる委員により、機動力と実効性のある学校経営が可能になる。

　また、この制度を形骸化させないためには「熟議」「協働」「マネジメント」が大切である。特に、保護者や地域住民をはじめとする多様な関係者がともに一つのテーブルにつく「熟議」では、その結果だけでなく「プロセス」を大切にしたい。多くの当事者が集まって、課題やビジョンについて「熟慮」し、「議論」することにより、互いの立場や果たすべき役割への理解が深まり、次第に解決策や方策が洗練され、誰もが納得して自分の役割を果たすことができる。

　99％の子どもが進学し、子どもたちのほぼ全数を把握できる最後の教育機関である高等学校では、子どもたちが社会につながる「真」の力の育成を十分に視野に入れる必要がある。つまり、高等学校では、小中学校以上に、生徒が多様な大人との関わりのなかで社会とつながり、社会のなかで学ぶ場を広げていく必要がある。「学校」という枠を越え、学びのフィールドを地域に広げる

ことで、地域住民や企業、NPO などさまざまな専門知識・能力を持った地域人財との関わりを通して、将来を生き抜く子どもたちに、実社会に裏打ちされた幅広い知識や能力を育成することができるのではないだろうか。コミュニティ・スクールの仕組みは、それを可能にする大きなチャンスであり、有効なツールである。

　一方、高等学校は入試を経ることにより、困難を抱える生徒が偏在する傾向にある。そのような視点に立てば、支援の必要な生徒を必要な支援につなげられる大きなチャンスであると言えるかもしれない。これまで、コミュニティ・スクールは学びや地域学校協働活動とともに語られることが多かったが、「学校経営の強化」はもとより、「福祉」や「支援」という視点からその関係者や行政を交えることで、困難を抱える子どもたちへの支援の幅を広げ、自立への可能性を高めることができる仕組みでもある。

　コミュニティ・スクールの仕組みは一つであるが、学校や地域の状況によってその活かし方はさまざまである。子どもたちの全数を把握できる最後の教育機関である高等学校が、その自負を持ち、コミュニティ・スクールの仕組みを活かした学校づくりを進めることで、子どもたちの未来がさらに大きく拓かれていくだろう。

（増渕広美）

《注》
※1　木田宏著、教育行政研究会編著『逐条解説　地方教育行政の組織及び運営に関する法律　第五次新訂版』第一法規、2023年

学校運営協議会と学校理事会の違いはなんでしょうか。

▶▶▶ANSWER

1．強い権限を持つ「学校理事会」、学校運営における協議と支援に重きが置かれる「学校運営協議会」

　この問いでは、学校教育法第2条にある私立学校（学校法人の設置する学校）の「学校理事会」との違いについて記す。

　理事によって構成される学校法人の学校理事会は、私立学校法第35条及び第36条ならびに寄附行為において定められるが、最高意思決定機関として、教育課程の編成方針の決定、人事や学校予算の策定など、強い権限を持つ機関であると同時に、業務執行を監督する機関である。

　一方、教育委員会によって任命された委員によって構成される学校運営協議会は、地方教育行政の組織及び運営に関する法律第47条の5の規定において、①校長が作成する学校運営の基本方針を承認する、②学校運営について教育委員会又は校長に意見を述べることができる、③教職員の任用に関して、教育委員会制度に定める事項について、教育委員会に意見を述べることができるという権限を有するものである。②と③については、「意見を述べることができる」にとどまる権限であり、実際に、③の権限については行使しない学校運営協議会が、少なからず存在する。

　学校運営協議会は、学校理事会のような業務執行を監督する機関ではない。本制度においては、校長が執行機関としての立場に置かれる。学校運営協議会は、校長が編成する教育課程の方針案

について、「協議」した上で、それを「承認」する機関であるため、保護者や地域住民が、こうした「一定の責任」を有して主体的に学校運営に参画するための制度として捉えられよう。

2．教育委員会制度との関係で学校運営協議会となる

　日本の場合、公立の学校における設置及び管理、教職員の人事や研修、児童生徒の就学及び学校の組織編成、校舎など施設や設備の整備、教科書採択などの権限は、教育委員会が有しており、学校運営協議会は、この教育委員会制度を前提として学校運営協議会は合議機関と位置づけられる。

　学校運営協議会は、今後さらに学校が地域と協力し合う体制をつくり、スクール・コミュニティ[※1]（学校を中心としたコミュニティづくり）のための重要な装置としての役割が期待されている。

（柴田彩千子）

《注》
※1　コミュニティ・スクールの導入により、「地域とともにある学校づくり」
　　　から、子どもを中心にして地域全体を一つにまとめる、学校を核とした次世
　　　代の地域づくりへと発展したまちづくりを指す。

Q6 教職員の長時間勤務など、その働き方が問題となり改革が求められています。コミュニティ・スクールを活用してこの問題をどのように解決したらよいでしょうか。

▶▶▶ANSWER

1．学校運営協議会を通じて、保護者や地域住民に対する教職員の負担軽減に関わる理解促進

　学校運営協議会の委員と教職員の間に、良好な関係性が築かれるようになると、教職員にとって、それが当該の地域の人々についての理解を深めるきっかけとなり、両者に信頼関係が生まれる。こうした信頼関係が構築されていることを前提として、学校運営協議会が保護者や地域住民に対して、教職員の代弁者となることができる。例えば、教職員の業務に関連して、保護者や地域住民から学校に過度な要求があった場合、学校運営協議会が防波堤のような役割を果たしたり、保護者から寄せられる苦情の対応を代わって行ったりすることができる。また、保護者や地域住民に対して学校運営への協力を要請する場合、学校運営協議会がそれを発信することによって、保護者や地域住民は学校・家庭・地域の総意として、その協力要請を受け止めるので、学校教育を支援する人財を確保することが進み、その結果として教職員の負担軽減につながると考えられる。

2．熟議による業務内容の棚卸し

　学校運営協議会での熟議によって、教職員の業務内容の在り方を検討し、必ずしも教職員が実施しなくてもよい業務、例えば、

登下校中の安全見守り、校内の植栽の管理、運動会や学芸会などの入場管理などを、保護者や地域住民が担うような仕組みを整備することができる。そうすることで、教職員が児童生徒と向き合う時間や、教材研究を行う時間などを確保することができる。こうした取組は、教職員の学校業務の軽減化が図られるばかりではなく、児童生徒のための学校教育活動の充実化を図るために必要なものである。

（柴田彩千子）

コミュニティ・スクールとセットで「社会に開かれた教育課程」と言われていますが、具体的にどのようなことでしょうか。

▶ ▶ ▶ ANSWER

１．現行の学習指導要領の基本理念：「社会に開かれた教育課程」

「社会に開かれた教育課程」とは、単に学校を社会に対して開くのではなく、学校が「育てたい児童生徒像」を地域と共有した上で、共通の目標を掲げ、学校の各教科、特別活動、総合的な学習の時間などの教育課程を実施するに際して、地域の人財と協働したり、地域の物的資源を活用したりしながら、実現させていこうとする理念である。

そのためには、これからの社会を担う子どもに求められる資質・能力とは何かを、教育課程において明確化することが必要である。一方では、地域の人的・物的資源を活用し、放課後や土曜日曜や夏休みなどに実施される子どものための社会教育活動と、教育課程との連携を図っていくことも求められている。

２．学校経営に多様な教育支援者の力を援用する

「社会に開かれた教育課程」を遂行していくためには、教職員と多様な専門性を持つ教育支援者が、連携・協働していくことが肝要である。教育支援者とは、学校教育、家庭教育、社会教育などのすべての教育対象者を支援する職に従事する人々の呼称である。表１は、多岐にわたる教育支援者のなかでも、学校経営に係

わる教育支援者について、学校経営の課題別に整理したものである。表1にあげたような教育支援者と教職員が、連携・協働していくことで、「社会に開かれた教育課程」の実現が図られる。

コミュニティ・スクールでは、地域や保護者などの代表者が委員を務める学校運営協議会を介して、このような教育支援者における適切な情報を地域から得ることができる。

学校経営の課題	具体的な教育支援者（例）
①教員が教育課程に専念する環境の醸成	スクールサポートスタッフ、スクールロイヤーなど
②部活動における生徒支援	部活動支援員（部活動指導員）、部活動外部指導者
③個（児童生徒・保護者）に応じた支援の充実	スクールソーシャルワーカー・スクールカウンセラー（学校心理士スーパーバイザー）、特別支援教育支援員など
④教育課程の充実・きめ細やかな教育の充実	学校司書、学芸員、社会教育主事（社会教育士）、学習サポーター、キャリアカウンセラー、地域学校協働活動推進員など

表1 「社会に開かれた教育課程」を可能にする教育支援者の例

（柴田彩千子）

コミュニティ・スクールがあるならPTAはいらない
のではないですか。二者の違いを教えてください。

▶▶▶ANSWER

1．PTAとは、保護者と教職員による社会教育関係団体

　PTA とは、Parent Teacher Association（親と教職員の団体）
の略称である。PTA というと、保護者会と捉えられがちだが、
教職員も重要な構成員なのである。

　PTA の歴史は古く、アメリカで 1897 年に子どもや保護者の幸
せのために組織化された「全国母親会議」に端を発するものであ
る。戦後、GHQ によって招聘された教育使節団が、民主主義の
教育を進めるために、保護者と教職員が連携して子どもの健全育
成を目的として PTA の設置について勧告した。これを契機とし
て、旧文部省が PTA 結成の手引き書「父母と先生の会：教育民
主化のために（1947 年）」を作成し、全国に配布したことによって、
各学校に PTA が発足した。PTA は、おそらく日本で最も多く
組織化された社会教育関係団体である。

2．PTAの活動目的は、校外を含めた児童生徒の健全育成のため
##　 の保護者や教職員間の学習活動

　PTA は、学校だけではなく、家庭や地域社会を含めた児童生
徒の健全育成を主たる活動目的として、同年代の子どもを育てる
保護者間、あるいは保護者と教職員との親睦を深め、学び合う機
会をつくる組織である。例えば、この学び合う機会には、家庭教

育学級が挙げられる。家庭教育学級は、児童生徒の健やかな成長のために必要な家庭教育の課題やレクリエーション等を、学校において、PTAのメンバーが企画運営する社会教育の機会である。

　PTAの活動というと、どうしても議決機関としてのPTA総会や、役員が中心となって行う委員会活動の方に目が向きがちであるかもしれないが、本来は構成メンバーによる自主的な学び合いが重視されるべきものである。

　PTAの構成員は、学校に在籍する児童生徒の保護者と教職員が基本となるが、学校運営協議会の委員は保護者も含む市民らが対象である。したがって、PTAは各学校の直接の利害関係者によって組織されているものと捉えられる。

３．PTAとコミュニティ・スクールの関係性：PTAは子どもの教育に対する意向を、学校運営協議会に伝えることが重要

　PTAの代表者が、保護者の代表者という立場として、学校運営協議会の委員を担うケースが多い。このような場合、PTAは、保護者と教職員の意見を、学校運営協議会に直接的に伝えることができる。

　PTAの考える「地域で育てたい子ども像」等の目標を、学校運営協議会と共有することで、地域ぐるみの子育て・子育ちの環境を整備することにつながり、スクール・コミュニティ（学校を中心としたコミュニティづくり）が行われる土壌ができる。さらには、「地域で育てたい子ども像」について、PTAや学校運営協議会のメンバーが議論を重ねることによって、それを実現させるために、各主体（学校、家庭、地域）が果たすべき役割を明確にすることや、地域学校協働活動として具体的な実践に移していくことが、あわせて重要である。

（柴田彩千子）

三鷹市ではコミュニティ・スクールから発展してスクール・コミュニティというかたちになっていると聞きました。どういった違いや特徴があるのですか。

▶ ▶ ▶ ANSWER

1．コミュニティ・スクールとスクール・コミュニティ

　コミュニティ・スクールは、地域とともにある学校、さらに限定して、学校運営協議会を置く学校を指す場合もある。コミュニティ・スクールでは、学校、保護者、地域が目標を共有し、その学校に通う子どもたちのために、さまざまな取組が展開され、そうした取組を通じて学校に関わる保護者、地域の方々が知り合い、結びついていくことになる。このような、学校やそこに通う子どもたちを縁とした人々のコミュニティ、人々のつながりを東京都三鷹市では「スクール・コミュニティ」と呼んでいる。同時に、そうした人々がつながる仕組みづくり、すなわち学校を核としたコミュニティづくり、「スクール・コミュニティの創造・発展」に取り組んでいる。

2．コミュニティ・スクールはコミュニティ創生にもつながる

　人間関係の希薄化や地域コミュニティの衰退が叫ばれて久しいが、子どもたちは「地域の宝」であり、地域の人々を結びつけるパワーがある。そして、学校には子どもたちがいると同時に、毎年、新たな保護者が加わる。

　コミュニティ・スクールでは、保護者と地域住民が一体になっ

て、地域の子どもたちのために話し合ったり、活動したりする機会が多く存在する。そうした保護者が地域住民と協働し、地域のことを知り、地域の一員として活躍の場を見つけていくことにもつながる。このように地域コミュニティに主体的に参画する方が増えていき、コミュニティ創生が図られていくことも期待される。つまり、学校づくりが地域づくりに発展していくのである。

3．地域のコモンズ（共有地）としての学校へ

　では、こうしたスクール・コミュニティが発展していくためにはどうしたらよいだろうか。三鷹市では、学校施設を活用することで、さらに多くの人々に子どもたちや学校に関わってもらえないだろうかと考えている。学校を地域のコモンズ（共有地）、地域に開かれたみんなの学校として、子どもたちはもちろん、親世代や祖父母世代も集まる、地域みんなの居場所にすることができないか計画している。

4．三鷹市の「学校３部制」構想

　学校を地域のコモンズとするための具体的なアイデアとして、「学校３部制」構想がある。学校３部制の「３部」とは、学校教育の場（第１部）、学校部活動を含む放課後の場（第２部）、社会教育・生涯学習や生涯スポーツ、地域活動など多様な活動の場（第３部）である。この３つの「場」を別々につくるのではなく、学校施設の機能転換によって学校施設をフル活用して生み出すのが「学校３部制」構想である。

　第１部では、学校教育をしっかり行う。個別最適な学び・協働的な学びを一体的に推進しつつ、主体的・対話的で深い学びを実

現する。また、「社会に開かれた教育課程」の下で、地域資源を活用しながら教科横断での探究的な学びを充実させていく。

　第2部は、学校部活動を含む放課後の場であり、多様で豊かな新しい放課後の創造を目指す。学童クラブや放課後子ども教室、地域未来塾といった取組を子ども目線で組み立て直し、子どもたち自身がやりたいことができる時間、また、放課後に、移動のない安全・安心な居場所の提供を目指して、普通教室を含む学校施設を活用する。スポーツや文化・芸術活動はもちろん、授業で学んだことのなかから興味のあることをさらに発展的に探究したり、社会活動をしてみたり、あるいは、ただ友達とおしゃべりしたり、ぼーっとしてもよい。放課後の学校にそんな場所ができたらよいと思わないだろうか。もちろん、児童館や公民館など、いわゆる「第3の居場所」があることは素晴らしいことである。ただ、学校施設においても授業の時間とは異なる人間関係や空間によって子どもたちの居場所が提供できれば、子どもたちはより多くの選択肢のなかから自分に合ったものを選ぶことができる。学校施設という既存のインフラで子どもたちにより多くの選択肢を提供しようということなのだ。本市では、この多様で豊かな「新しい放課後」の実現に向け、強力に取組を推進している。

　第3部は、社会教育・生涯学習や生涯スポーツ、地域活動など多様な活動の場、「大人の学び場」である。全国で地域開放が進んでいる校庭や体育館に加え、音楽室や図工室、家庭科室、多目的室など、学校施設を使って、地域の大人たちがさまざまな活動をしたり、親子で参加するイベントや講座が行われたり、卒業生が集まったり……。これらによってもっと地域が豊かになるのではないだろうか。

　そして、大切なことは、これはスクール・コミュニティの実現のためだということである。放課後の時間、夜間・休日により多

くの保護者、地域の方々に学校に関わって、ともに子どもたちを育んでもらうための仕掛けなのだ。第2部では、保護者、地域の方々が「こんな体験をさせてあげたい」と思うようなイベントを企画してもらったり、第3部で普段、地域で文化活動をしている方が、第1部の授業や第2部で子どもたちにその文化体験をさせてあげたりと、保護者、地域の思いを織り交ぜながら、多くの方に学校に関わってもらい、そこでの関わりを基に学校教育も充実していく。単なる民間委託ではなく（部分的には民間事業者の力も借りながら）、保護者、地域に関わってもらうことでスクール・コミュニティをさらに発展させ、学校教育の充実や子どもや市民のウェルビーイングの実現を図りたい。

　スクール・コミュニティの発展は、子どもたちの学びを豊かにするだけではない。多くの保護者、地域の方々がスクール・コミュニティのなかで地域学校協働活動に取り組むことで、それぞれの人生においても新たな発見や学びがあるだろう。こうした「学びと活動の循環」を通じて、人々は自己実現を図ったり、主体的に社会と関わったり、居場所を見出していく。その活躍のフィールドはスクール・コミュニティのみにとどまらず、住んでいる場所、地縁に基づくエリア・コミュニティ、スポーツや文化等それぞれの関心に基づくテーマ・コミュニティなど、地域のさまざまなコミュニティへと発展し、それぞれの場での活躍も期待される。

　一方で、「学校3部制」構想の実現には課題も多くある。第2部や第3部の運営は教員の仕事の範囲を超えているため、放課後以降の管理運営体制やさまざまな人々が学校施設を使うことによる子どもたちの安全の管理などが課題だ。しかしながら、こうした課題に一つひとつ向き合いながら、三鷹市では新たな学校のかたちを目指して取組を進めている。

（越政樹）

Q10 部活動の地域連携、地域移行の検討が国でも進んでいますが、これにもコミュニティ・スクールが関係してきますか。

▶▶▶ANSWER

　スポーツ庁・文化庁は「学校部活動及び新たな地域クラブ活動の在り方等に関する総合的なガイドライン」（2022（令和4）年12月）において、「『地域の子供たちは、学校を含めた地域で育てる。』という意識の下で、生徒の望ましい成長を保障できるよう、地域の持続可能で多様な環境の一体的な整備により、地域の実情に応じスポーツ・文化芸術活動の最適化を図り、体験格差を解消することを目指す」としている。

　こうした背景として同ガイドラインでは、少子化が進展するなか、学校部活動を従前と同様の体制で運営することは難しくなっていること、学校における働き方改革が進むなかで、専門性や意思に関わらず教員が顧問を務めるこれまでの指導体制を継続することは、「より一層厳しくなる」ことを挙げている。その上で、ガイドラインにおいては、「公立中学校において、学校部活動の維持が困難となる前に、学校と地域との連携・協働により、生徒のスポーツ・文化芸術活動の場として、新たに地域クラブ活動を整備する必要がある。」（傍点筆者）と暗に将来的に学校部活動の維持が困難となるとの認識を示している。

　つまりは、地域の子どもたちのスポーツ・文化芸術活動の環境を学校を含めた地域全体で構築しなければ、学校部活動はいずれ維持できなくなり、子どもたちのスポーツ・文化芸術活動の体験機会も失われていく可能性があるということである。

学校と地域の連携・協働といえば、コミュニティ・スクールの真骨頂である。地域によって事情が大きく異なる部活動の地域連携、地域移行においては、国からの上意下達での対応には限界がある。その分、コミュニティ・スクールへの期待は大きいだろう。

　地域のなかで部活動の指導が可能な方を探したり、本来の学校部活動の趣旨に立ち返れば、顧問の教員による指導中心の部活動から、生徒中心の主体的活動を地域の大人たちが見守るということもあるかもしれない。

　そして、ガイドラインが必要性を指摘する新たな地域クラブ活動という難解な問題についても、三鷹市では、子どもたちのために、学校、地域が当事者として熟議するコミュニティ・スクールこそ議論の中心となり、そこに地域スポーツ・文化振興担当部署や社会教育・生涯学習担当部署、教育委員会、地域スポーツ・文化芸術団体が加わりながら検討することで、それぞれの地域に合った解決の道筋が見出されていくのではないだろうか。

（越政樹）

Q11 コミュニティ・スクールでは熟議が大事といわれますが、どのように行えばよいのでしょうか。

▶▶▶ANSWER

　熟議の手法について考えてみたい。熟議とは「よくよく（熟）話し合う（議）」ということだが、話し合いを可視化し、過程を残すために付箋などを使って話し合うことが多い。コミュニティ・スクールでの話し合いの場面でもよく使われる手法だ。熟議には「安心して発言できる場」をつくる力があると思う。手をあげられなくても付箋に書くことで意見を出せる、みんなでじっくりと聞き合う、納得しながら認識合わせをしていく。議論も空中戦ではなく、書いたものをもとに話ができるので建設的な議論ができる。ここからは熟議の具体として、①熟議をどうやって行うのか、②熟議をどう活かすのか、③テーマ、話し合い手順の事例などをできるだけわかりやすく紹介していきたい。

1．熟議の具体例

①熟議をどうやって行うのか（準備編）

　熟議をやってみたい、と思ったらまずは準備に取りかかろう。熟議全体のデザイン＝準備がとても大切だ。準備不足のまま熟議をやったことがあるが、やはり議論のまとめも消化不良でいい話し合いにならなかったことがある。準備は大事。
　・ファシリテーター（進行役）を決める
　熟議にはファシリテーターが必要になる。ファシリテーターは、

▶話し合いのテーマ「○○小学校の子どもたちの未来をみんなで語ろう」	
①自己紹介、グループ内の話し合いの進行役、模造紙まとめ役などを決めましょう。	進行役…時間管理、全員が同じぐらい話せているか配慮 模造紙…マジックなどで記録
②【個人】自分の団体で取り組んでいる事業や活動を具体的にあげてみましょう。	付箋（1色目）に書く（2分）
③【グループ】模造紙に付箋を出していきながら自己紹介（追加OK！）	自己紹介（5分）
④【個人】「これからの時代を生き抜く○○小学校の子どもたちが持っている力、また身に付けてほしい力」を付箋に書きましょう。	付箋（2色目）に書く（2分）
⑤【グループ】身に付けてほしい力に対して、自分たちがやっていることをつなげてみましょう。他にも、できそうなことを考えましょう。	意見交換（20分）
▶本日のゴール　できていること、強み、課題、今後必要な取組等を確認する。	

表1　熟議のデザイン例
出典：筆者作成

話し合いの進行役で、手順と時間を管理する役目で、話し合いをまとめたり、議論を誘導したりすることはない。

　ワークショップなどでファシリテートを専門とされている方がいればうまく進行してくれるだろうが、学校運営協議会が主体的に熟議に取り組むには、自分たちで進行できるような話し合い手順と時間配分でシナリオを作成するとよい。

　・話し合いのテーマを決める（問いを立てる）

　話し合いのテーマ設定をしよう。どんな問いを立てるのか、取りかかりやすく深めやすいテーマがよい。抽象的だったり、概念的だったりするとなかなか意見が出てこない。表1での問いは「○○小学校の子どもたちに身に付けてほしい力」は何か？が問いで「□□する力」、「△△力」のように考えを出していってもらった。

　・話し合いのゴール（着地点）を決める

　表1の場合は、参加者同士がお互いの活動を知り、自分たちの今やっている活動を改めて価値づけることが主目的だった。熟議は、やってみるとなかなか白熱して面白いのだが、話し合いの着地点を決めないと、何を話し合ったのかボンヤリと終わってしま

いがち。委員同士の相互理解なのか、アイデアを出すのか、認識合わせなのか、など「今日はどこまでを話すのか」を明確にするとよいと思う。

・時間配分を考える

限られた会議の時間のなかで、十分に意見交換できるよう、時間配分はあらかじめ十分に考えておこう。例えば、自己紹介も1グループが5人だとしたら一人1分で5分かかる。また、付箋に書くのにもある程度時間を取った方が集中して書くことができる。最後にはグループごとに発表して共有する時間も取りたい。

・話し合いのルールを決める

くだらないことと思うなかれ、このルールが「安心して意見が言える」場づくりには必要なことなのだ。

表2はルールの一例だが、自分た

◆付箋には1枚に一つのことを書きます。	付箋は、意見を見える化するために使う物。長い文章などで細かく書くと一目ではわからない。いくつものことが書いてあるとあとで分類しにくい。
◆一人でたくさんしゃべらない。	限られた時間の中で、全員が同じように話すには、お互いに配慮が大切。
◆人の話はよく聴く。	意見を尊重し合うため、誰かが発言しているときはしっかり聴く姿勢が大切。
◆人の意見を否定したり批判したりしない。	安心して意見が言える場をつくり、全員が意見を言えるために
◆前向きに考えましょう。	当事者として話し合いに参加してもらうためには、ポジティブに

表2　熟議のルール例
出典：筆者作成

ちの学校運営協議会での話し合いのルールを決めて毎回熟議のたびに参加者全員で確認し合うことで、心理的安全性を保ち、当事者意識を持って話し合いに参画できるようになっていく。ベテランさんも、改めて心に留めて話し合いに向かおう。

②熟議をどう活かすのか

・熟議の向かう先は？

準備編で述べたのは一回ごとの熟議の着地点。ここでいう「向かう先」とは、熟議によって得られる成果のことだ。この熟議はイベントのアイデア出しなのか？　それとも目指す方向性を言語

化するためなのか？　出した意見が一体何に反映されるのか？
自分が出した意見の行く先がわかると俄然自分事になってくるの
だ。何かをやるための熟議、あるいは何かをつくるための熟議な
ど、わかりやすいゴールイメージがあると委員のモチベーション
にもつながる。

　・発表をすることで共有する

　複数のグループをつくって熟議をした場合は、発表の時間を取
り、それぞれのグループで出た話を聞き合うことで内容を共有し
よう。熟議の時間設計にゆとりがないと、つい時間オーバーにな
り、発表の時間がなくなってしまうことが多い。発表することで
共有することは、とても大事なことなのだ。

　・この前の熟議って……？

　熟議の企画担当者（主に役員になるだろうか）は、熟議が終わっ
た後、まとめをしておこう。その都度まとめをせずに熟議を繰り
返すと「あれ？　そういえばこの間の熟議ってどうしたんだっ
け？」を繰り返すことになる。熟議の無駄使い。熟議のやりっぱ
なしは、いずれ「熟議って意味ないよね」につながっていく。

③テーマ、話し合い手順の事例

時間経過	進行内容	メモ
2分	今日のテーマ「これからの子どもたちに求められる『生きる力』について考えよう」	
3分	今日の目的（ゴール） ・お互いの考え方を知り、共有する。 ・自分たちの特性を活かしてできることのアイデアを出す。	★話が脱線するのを防ぐ。 ★参加者の当事者意識を高める。 ★会議の見通しがつく。
2分	自己紹介：名前、ふだんの活動、アピールポイントなど	★話しやすい雰囲気を。

	役割分担：模造紙に書く人などを決める		★ぜひ自発的に！
2分	熟議その1：「『生きる力』って具体的にどんな力だと思いますか？」 ・自分が考える「生きる力」とは何か？ 　を付箋に自由に書いていきます。 ・付箋に書くときのルール ⇒一枚に一つのことを書く。 ⇒大きな字でわかりやすく書く。 意見の可視化		
15分	グルーピング（共有） ・付箋に書いたものを一人ずつ説明 　しながら模造紙に貼っていく。 ・一人ひとりこんなに考え方が違う 　んだ、あるいは似た考えもあるん 　だ、という気づきがあるはず。		
	・話し合いながら、似たもの意見を 　まとめていく。 ・同じことを書いていても意味が 　違ったり、違う表現でも同じ意味 　だったりするので、必ず話し合っ 　て意思確認しながら付箋をまとめ 　ていきましょう。 ・まとめた意見にタイトルをつけてみましょう。		
	・まとめの完成！ このグループが考える「生きる力」		
5〜6分	中間発表（共有） ・ほかのグループの意見を聞き合いましょう。		★書いたりまとめたりする手を止めて聞く。 ⇒聞き合うことが共有になる。

10分	熟議その2：「子どもたちのために、自分ができることを考えてみよう」	
	・さらに、それを実現させるために、自分はどんなことができるか？を考える。 ・付箋の色を変えてアイデアを出していく。	
10分	発表（共有） ・1グループ2分ぐらいで。できれば全グループ発表してもらう。	★書いたりまとめたりする手を止めて聞きます。 ⇒聞き合うことが共有になります。
終了後	まとめ ・全グループの模造紙を一つにまとめてみましょう。	★日を改めて作業してもOK！

表3　熟議の手順例
出典：三鷹市教育委員会「How to CS　コミュニティ・スクールと
CS委員会の動かし方マニュアル」より引用

　まずは熟議をやってみよう。実際にやってみて言えることは「初めからうまくいくわけではない」ということだ。自分の意見を書く、ということが苦手な人たちも多い。それでも意見がなかなか言えない、という人もいる。何も模造紙や付箋を使うことだけが熟議じゃない。「よくよく（熟）話し合う（議）」ことが大切。みんなが安心して意見を言い合いながら、納得しながら進めていく。コミュニティ・スクールには模範解答がない。自分たちの学校のこと、自分たちの子どもたちのことは、自分たちで話し合って最適解を出していくしかないし、十分に議論を尽くして出した答えならそれが今考えられる最適な答えなのである。

（四柳千夏子）

手をあげないのは意見がないわけじゃない

四柳千夏子

　学校運営協議会の役員になり、何度か会議を経験してみて「これはどうしたものか……」とちょっとした悩みが発生した。月に１回、２時間程度の会議をしていたのだが、委員のなかには一度も発言することなく会議を過ごしている人もいた。全員ほかの地域活動や仕事があって、多忙ななか集まっているのに発言しないのはもったいない、と思うと同時に、お客さん感覚で座っていればいいと思っているのだとしたら……。会議を回さなければならない役員としては何とか意見を言ってもらおうと、「一人一言ずつお願いします」と無理やりしゃべってもらおうとしたりもしたが限られた時間のなかではなかなか難しかった。よく発言する人とそうでない人の差ができはじめて悩んでいた。

　そんなときに出会ったのが「カケアイ熟議」だった。普段発言のない委員も、よく発言する委員も、同じように付箋に意見を書かなければならない。はじめはバラバラな個人の意見が、まとまっていったり発展していったり。話し合いが生き物みたいに思えてとても面白かった。それからはこの「熟議」が私たちの話し合いの定番になっていった。

　学校運営協議会の委員になるような方は、これまでも PTA や自治会、自治体が設置する育成団体、審議会など、さまざまな「会

議」を経験されていることが多いであろう。開催通知が届いて、指定された会議の席に着くと席札も資料もすでに用意されていて、決められた次第どおりに事務局が説明し、黙って座っていれば時間どおりに終了する。頼まれて（あるいはやらされて）出ている会議はどこか他人事だ。自分の暮らしに直接的には関係のない中身だと特にそうなりがち。しかもそういった会議は、時間設定も限られていて「何かご意見ご質問は？　忌憚のないご意見を」と言われてもそれは「何でも言っていい」という合図ではなくて「ありませんよね」という確認のサインだったりする。

　先日、とある会議で、「もう少し私たち委員が議論しませんか？」と発言したら会議後行政側の事務局職員が飛んできた。「これまでさんざん意見を言う場を設けてきた。でも、皆さんから何も意見が出てこないので、十分に議論が尽くされてきた、と思っているのだが」と。ちょっと力が抜けそうになるぐらい驚いた。四角いロの字型のテーブルで、型通りの会議を繰り返してきた。「ご意見ありますか？」と何度も聞かれた。誰も手をあげなかった。でも待って！　手をあげないのと、意見がないのとはまったく違う。手をあげないからといって意見がないわけじゃない。

　学校運営協議会は、目の前の子どもと学校のリアルに向き合う会議体なので、そんなセレモニーのような会議をやっていては役割を果たせない。学校が安心して情報開示し、委員同士が十分に議論を尽くす必要がある。多様な立場の学校運営協議会委員が、多様な価値観から多様な意見を交わし合う。子どもたちを真ん中に置いて、子どもたちの未来のために語り合い、方

向性を確かめ合う。活発に意見交換したいところだ。とはいえ、手をあげて発言するのはやはり勇気がいる。百戦錬磨の委員ならともかく、新任委員にはかなりハードルが高い。

　学校運営協議会委員一人ひとりが当事者意識を持って参画するためには、まずは意見が言えなくてはならない。意見が言えるためには、「意見を言っていいんだ」という心理的安全性が必要になる。皆さんの学校運営協議会の会議は、ベテランだろうと新人だろうと、先輩だろうと若手だろうと、全員が「安心して発言できる」場になっているだろうか。
　会議の空気感をつくれるのは、これはやはりベテランさんの役割だと思う。立場の違いを理解し合って、出た意見を否定せず、いったん受け止める。人生経験が長いからこそのフトコロの深さの見せどころだ。そんな柔らかで和やかな空気感で、たくさん議論を重ねられれば意見もおのずと建設的で前向きになっていくのではないか。理想のかたち。なかなかそうはいかないけれど。

　さらに、学校運営協議会は、学校評議員や学校懇談会のような「個人の意見を言い合う」だけではなく、権限と責任を持った「協議体」として向かう方向性は同じであることが求められる。多様な地域住民が集まっているなかで、空中戦のような議論の応酬で終わらせるのではなく、意見交換から合意形成に向けての過程が大切になる。どうやってベクトルを合わせて行くのかが問われている。

第 4 部

コミュニティ・スクール
の基本的な考え方

そもそもコミュニティ・スクールとは何なのか。法律
の規定、役割と権限等、知っているつもり、わかって
いるつもりの基礎知識を改めておさらい。

コミュニティ・スクールの法的根拠

（1）コミュニティ・スクールを考えるにあたって

　皆さんは学校運営協議会の委員の一人として活動してほしいとお願いをされたら、どんなことを考えるだろうか？「こんなことをやってみたい」と意欲を持つ方もいれば、「とにかく会議に参加すればよいのでしょう」と考える方もいるかもしれない。

　それでは、今度は皆さんがプロサッカーチームの経営陣に入ってほしいと言われたらどんなことを考えるか。勝つという目標のためにはどのような戦略・戦術を取るべきか、ファンをどのように増やしたらよいか、よい選手をどのように集めてくるかなど発想は広がっていきそうである。

　この部ではコミュニティ・スクールの基本的な考え方（法律上の位置づけや権限）について確認し、コミュニティ・スクールにはどんな役割があるのか、そして委員にはどのような期待があるのかについて考えていきたい。これを読む皆さんには、プロサッカーチームではないが「チーム学校」の経営陣の一人としてどのようなことを考えるべきか、自分のことに置き換えながら読み進めてほしい。

（2）コミュニティ・スクールの定義

　学校運営協議会は、学校と地域の方々が力を合わせて学校の運営に取り組む「地域とともにある学校」を実現するためのものである。法的には、地方教育行政の組織及び運営に関する法律第47条の5に規定されており^(*)、学校を設置している教育委員会

が原則として学校ごとに学校運営協議会を置くことに努めなけれ
ばならないとされている。端的に定義すると「学校運営協議会が
置かれた学校」である。全国的にはどのぐらい設置が進んでいる
かというと、2022（令和4）年度の文部科学省による調査では初
めて全国の公立学校で設置数が1万5,000校を超え、学校運営協
議会を導入している自治体も6割以上にのぼっており、今後も増
加するものと予想される。今後設置数が増加するなかでも、学校
運営協議会の設置自体を"目的"とするのではなく、「地域とと
もにある学校」を実現するための"手段"として運用していかな
ければならない。

＊地方教育行政の組織及び運営に関する法律第47条の5
<u>教育委員会は、</u>教育委員会規則で定めるところにより、その
所管に属する学校ごとに、<u>当該学校の運営及び当該運営への
必要な支援に関して協議する機関として、学校運営協議会を
置く</u>ように努めなければならない。ただし、二以上の学校の
運営に関し相互に密接な連携を図る必要がある場合として文
部科学省令で定める場合には、二以上の学校について一の学
校運営協議会を置くことができる。（下線筆者）

　また学校運営協議会という言葉とコミュニティ・スクールとい
う言葉についても確認をしておきたい。皆さんも研修などで学校
運営協議会という言葉とコミュニティ・スクールという言葉、そ
れぞれの言葉が使われることで混乱したことがある人もいるかも
しれない。コミュニティ・スクールという言葉自体は法律上の名
称で定められているものではない。コミュニティ・スクールとは
「学校運営協議会」を設置している学校を指すが、使う場面によっ
ては「学校運営協議会を含めた地域と学校が連携する一連の取組

（地域学校協働活動等）」を総称してコミュニティ・スクールと呼ぶこともある。本書では「はじめに」にあるとおり、それぞれの語を意味に応じて使い分けて記している。

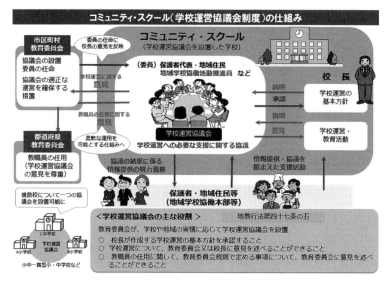

コミュニティ・スクールの仕組み
出典：文部科学省 HP

（3）学校運営協議会の役割・権限

　学校運営協議会設置のねらいは、保護者や地域の皆さんが"一定の権限と責任"を持って学校運営に参画することにより、そのニーズを迅速かつ的確に学校運営に反映させるとともに、学校・家庭・地域社会が一体となってよりよい教育の実現に取り組むことにある。それではここで表現される"一定の権限と責任"とは何かについて考えていきたい。学校運営協議会には３つの権限がある。

①校長が作成する学校運営の基本方針の承認（必須）

　学校運営協議会は、校長の作成する「学校運営の基本方針の承認」を通じて、育てたい子ども像や目指す学校像等に関する学校運営のビジョンを共有する。ここでいう「学校運営の基本方針」とは、一般的には教育課程（カリキュラム）の編成・施設管理・学校内の組織編制・施設設備等の整備・予算執行等を指すが、具体的には地域や学校の実態等に応じて教育委員会規則において定めることとなっている。こうしたことを育てたい子ども像や目指す学校像等と照らし合わせながら、承認することが重要だ。ただし、学校運営協議会が一方的に承認するのではなく、学校と協議会が対等な立場に立ち、目指すところを共有し、お互いにどんな役割を担うべきか確認しながら協働する姿勢が重要だ。またこれは以下のほかの２つの権限と異なり必須の権限となるため、学校運営協議会として力を入れるべき最も重要な権限とも言える。

②学校運営について、教育委員会又は校長に意見を述べることができる（任意）

　学校運営協議会は学校の運営について基本方針の承認にとどまることなく、広く保護者や地域住民等の意見を反映させるという観点から、校長から意見を求められずとも主体的に意見を申し出ることができる。そうしたことを認めることで、学校だけでは気づくことができなかった学校の魅力や課題を共有できるようにすることが期待される。

③教職員の任用に関して教育委員会に定める事項について教育委員会に意見を述べることができる（任意）

　学校運営協議会は、学校の課題解決や教育活動の充実のために学校内の体制の充実を図る観点から、教職員の採用・昇任・転任

等に関することについて、任命権者（都道府県・政令市教育委員会等）に対して意見を述べることができる。任命権者はその地域の実情を踏まえて意見を尊重する必要がある。これまで校長が持っていた人事権はどのようになってしまうのか、地域が個人名をあげて教職員の任用に意見を出すことができるのかなど不安の声も多くあがっている。その点の整理については、後段の項目を参照してほしい。

コミュニティ・スクールの主な３つの機能
出典：コミュニティ・スクールパンフレット2018

（4）学校運営協議会をさらに充実させる３つの視点

　Society5.0・グローバル化・人口減少・コミュニティの衰退・教職員の負担増等、子どもたちを取り巻く環境や学校が抱える課題が複雑化・困難化している状況にあり、学校運営協議会に求められる役割も非常に多岐にわたるようになってきている。こうした状況を踏まえ、先程の３つの"役割"を基本としながら、さらに「地域とともにある学校づくり」の実現に近づけるため、以下の３つの"視点"が重要である。

①熟議の視点

　熟議とは、よりよい協働を生むために関係者がそれぞれの視点から見える「課題」や「実現したいこと」を共有し、そこからビジョンや自主的・実践的な活動を「話し合い」を重ねながら生み出そうとするものだ。協働には熟議が非常に効果的であり、そのプロセスと効果は以下の５つとなる。

　１．多くの当事者（教員・保護者・地域住民等）が集まって
　２．課題について学習・熟慮し、議論をすることにより、
　３．互いの立場や果たすべき役割への理解が深まるとともに、
　４．それぞれの役割に応じた解決策が洗練され、
　５．個々人が納得して自分の役割を果たすようになる

　テーマの設定も多岐にわたり、例えば「子どもたちに身につけてほしい力とは？」というようなテーマを設定することもあれば、「携帯電話の取り扱いについて」など具体的なテーマを設定して解決策や関係者それぞれの役割を確認するといったことも考えられる。それぞれの学校や地域の実情に応じて、協議が活性化したり、協議後も具体的な取組につながったりすることなどに留意し

ながらテーマ設定することが望まれる。

②協働の視点

　実際に実現していくためには関係者が熟議等で確認をした共通のビジョンに向かって、それぞれの強みを持ち寄って実現する協働が重要となる。そのためには企画・計画段階から多様な関係者が参画し、関係者でその効果（生まれた成果）を振り返ったり、そこから次の活動につなげたりすることが肝要だ。そのためには地域学校協働本部の設置等を通して、そうした協働活動を行いやすい環境を整えることが必要である。

③マネジメントの視点

　またそうした熟議や協働を実現するためには校長のリーダーシップやマネジメントが重要であることは言うまでもない。後の項目でもふれるが、学校の最終意思決定者は校長であり、学校運営の基本方針の実現に向けて、組織運営を行う必要がある。そのため、地域との関係を構築し、地域人財や資源等を活かした学校運営を行っていく力が必要となる。

（5）学校運営協議会の委員が任用に関する権限を持つことの意義

　これまでも学校運営協議会に類する取組として自治体独自に協議するような場を設けるといった取組が見られる。しかしそのような取組と学校運営協議会の大きな違いは、法律で根拠づけられた権限（先述した3権限、特に任用に関する意見の権限）が認められているかいないかである。では法律で根拠づけられた権限を持っていると、どのような変化が起きるのだろうか。例えば、学校運営の基本方針には「承認」の権限がある。承認するというこ

とは学校とともに「責任」が生まれる。「責任」が生まれる以上、「何となく」「校長などの学校側がそう言っているから」といったような姿勢になりにくく、お互いに納得して合意するようになる。そうすることでより強固な連携・協働につながり、結果として子どもたちのためひいては地域のため・学校のためとつながっていく。

　任用に関する意見の権限については、教育委員会の人事権が歪められるのではといった不安や個別の教員の人事を取り上げて意見が出されるのではといった不安もあったが、導入前に不安視していた自治体も導入後は非常に低い割合になることがデータとして明らかになっている。また、教職員の任用に関する意見があったのは全体の６％程度にとどまり、意見があったとしても一般的要望にとどまっている（下図）。

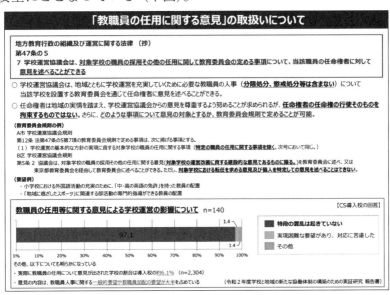

「教職員の任用に関する意見の申出」について
出典：文部科学省資料

またここでは任用に関する学校長・学校運営協議会・市町村教育委員会・都道府県教育委員会の関係性について確認をしておく。通常、市町村立（特別区・政令市等を除く）の教職員は都道府県教育委員会が任命を行う（これを県費負担教職員制度という）。そうした任命に対して、学校長は市町村教育委員会に対して意見の申出（具申）[1] を行うことができ、市町村教育委員会は都道府県教育委員会に対して人事の内申を行う。都道府県教育委員会は内申をされたものを踏まえて人事の任命を行うこととなる。ここで今回話題としたいのは、協議会はどのような権限を持つかである。協議会は学校の設置者である市町村教育委員会に対して意見の申出をすることができる。市町村教育委員会は都道府県教育委員会に内申をする内容について校長の意見だけでなく、協議会の意見の内容と整合性があるように調整することが必要となる。しかし、この権限は協議会を設置する学校の校長の意見申出の権限（具申権）にも、市町村教育委員会の内申権にも何ら変更を生じさせるものではないことに十分留意する必要がある。

　また任用については、ほとんどの地域で混乱などが発生していないものの懸念が払拭されないことから、国としては各学校の特色や地域の実情等を踏まえつつ、どのような事項を学校運営協議会で扱うかについては教育委員会に委ねることとした。2017（平成29）年の地方教育行政の組織及び運営に関する法律の改正で、任用に関して扱う事項については各々の教育委員会規則で定めることとした。そうしたことで、任用意見の際には校長に事前意見聴取を条件づける例なども増えてきている。ぜひ皆さんの教育委員会の学校運営協議会に関する規則を十分に確認することを勧めたい。要するに、個別の個人を特定した任用の意見を申し出ることは想定されていないが、一般的に「本校はGIGAスクールに力を入れたいので、ITに長けた先生の配置を希望する」などの

申出が想定される。

　ここまで述べてきたが、改めて任用に関する意見が学校運営協議会における重要な権限であることは言うまでもない。地域とともにある学校づくりの観点から、その学校の運営に関する基本方針を踏まえ、学校と学校運営協議会が実現しようとするビジョンに適った適正な人財配置を行っていく上でも非常に重要な機能であることを理解し、効果的な活用方法について今後も研究を重ねる必要がある。

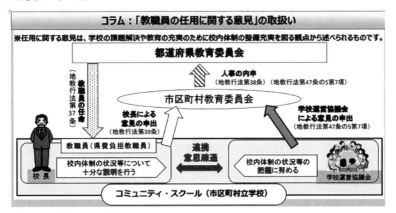

「教職員の任用に関する意見」の取扱い
出典：コミュニティ・スクールのつくり方（学校運営協議会設置の手引き）より

2

学校運営協議会と関係機関

（1）学校運営協議会と校長

　学校運営協議会ができると校長との関係はどのようになるのだろうか。気をつけなければならないのが、確かに学校運営協議会は３つの権限を持っているが、学校運営の責任者として教育活動を実施する権限と責任は校長が持っているものであり、協議会が校長に代わって学校運営を決定、実施する権限は持っていない。あくまで学校経営の責任者は学校長であるというのは変わらない。

　また学校運営協議会の委員についても 2017（平成 29）年の法律改正で、校長が委員の任命に対して意見が言えるようになった。会議でただ批判的に学校に対して意見のみをするような委員ではなく、学校についての理解を示し、「次はこうしてみよう」とか、「こんな風に支えられるかもしれない」といったような運営の改善につながるような発言をする委員を推薦できるようになったということだ。そのため校長は、学校運営の基本方針の実現に向けてどのような人が必要であるかを考えておく必要がある。また、普段から地域の会議や取組・活動に参加し、どの人が学校のビジョンに共感を示し、建設的な対話をする姿勢を持っているのか、探し続けることが重要である。

　また校長にとっては、学校運営協議会は非常に心強い存在となりうる。学校運営協議会は法律に基づいた合議体（誰か一人のリーダーで決定する会議ではなく、委員全員で協議して決定する場）である。最近であれば例えば新型コロナウイルス感染症への対応や校則の改正など、学校独自で判断することが難しい家庭や地域も関わってくるような課題もある。その際には、学校運営協

議会で議論を重ねることで校長だけで判断したのではなく、保護者や地域などの関係者で決定したということが校長の背中を後押ししてくれることにもつながり、保護者や地域で実際に行う取組を担ってくれる可能性も出てくる。

　そうしたことを実現するためにも校長は、学校と地域が一緒になって行う活動だけでなく、学校だけで解決することが難しい、例えば「いじめ」「不登校」「学力向上」「防災」「総合的な学習（探究）の時間の活用方法」等の課題や在りたい姿を共有する必要がある。また委員には"当事者"として参画してもらうことで、目指す目標を共有しながら、目標の実現に向けた協議を重ねた上で、学校の取組を後押しすることが求められる。

　学校運営協議会はもちろん学校運営に関してチェック機能を果たす役割もあるが、応援団という性格を有している。応援団には課題もビジョンも共有し、ともに学校運営に参画してもらうことができる。校長自身がどういう眼差しで学校運営協議会を捉えるかによって、果たす機能も大きく変わってくる。

（2）学校運営協議会と教育委員会

　学校運営協議会の導入から、効果的・継続的に機能させるまでに教育委員会が果たす役割は大きい。導入当初には研修会の開催を行い、理解を促す必要がある。また学校運営協議会規則の制定準備の際には、協議会にどのような役割を持たせるのかについての方針を盛り込む必要がある（具体的な項目例などは、文部科学省の示した学校運営協議会設置の手引を参照してほしい）。

　また、学校運営協議会が形式的なものとなってしまっているケースも散見される。国が努力義務化したから設置するという理由ではなく、教育長をはじめとした教育委員会自らが協議会に対

する深い理解と、なぜ今、自らの自治体の学校に協議会という取組が必要なのかを語ることができる必要がある。

そうしたコミュニティ・スクールの取組を自治体のなかでより明確な位置づけとするために、教育大綱や教育振興基本計画へ反映をすることで自治体内の各関係者の指針となり、施策を行っていく根拠となる。私の関わった岩手県大槌町教育大綱にも協議会が位置づけられ、首長部局が中心となってとりまとめた総合計画にも反映され、町全体の強い指針となっている。教育委員会が主導し、社会教育・地域づくり・政策企画部署等との連携を図ることで、機能強化が図られる。

コミュニティ・スクールを効果的・継続的に機能させるために教育委員会は、パンフレットの配布やフォーラムの開催などで理解を促したり、また学校運営協議会委員への報酬等の経費の確保や機能強化のための地域学校協働活動推進員（地域コーディネーター）の配置のための予算措置など積極的な財政支援を講じたりする必要がある。

また定期的な研修機会の設定が非常に重要であり、協議会委員・学校管理職・地域連携担当教員等、それぞれに対象を絞ってそれぞれに効果的となる研修を行うべきだ。特に新任校長や新任委員にはそれぞれの不安解消を含め、組織的に研修を組んでいく必要がある。

また都道府県教育委員会は、域内の市区町村が教育委員会の組織規模によって十分に研修体制を組むことができないことも考えられることから、積極的に広域で研修会等を行うことにより、導入促進の後押しをしてほしい。山口県教育委員会で取り組んでいる事例を参考資料として掲載する。都道府県独自で市町村のコミュニティ・スクールの設置支援を行うアドバイザーを配置する事例なども見られ、ぜひ参考にしていただきたい。

月	対象	内容	備考
6月	・コミュニティ・スクール推進協力校区等関係者 ・学校運営協議会委員	第1回コミュニティ・スクール研修会（兼「第1回学校関係者と地域関係者の合同研修会」） ・組織づくり	学校関係者 約150名 運営協議会 約150名
6月	・新任校長	「フォローアップ研修会」 ・マネジメント	1～3年目校長 約120名
6月	・コミュニティ・スクール推進校関係者	第2回コミュニティ・スクール研修会（兼「フォローアップ研修会」） ・マネジメント ・評価指標	新任校長 約80名 推進校校長 7名 推進校委員 10名
7月	・各学校長 ・学校運営協議会委員等	第3回コミュニティ・スクール研修会（兼「学校と地域の連携・協働に係る研修会」） ・模擬熟議	学校関係者 約300名 運営協議会 約200名
8月	・学校関係者、運営協議会委員等	全国コミュニティ・スクール研究大会	
10月	・推進協力校区等学校関係者	第4回コミュニティ・スクール研修会（兼「第2回学校関係者と地域関係者の合同研修会」） ・リアル熟議（デモ） ・具体的な取組事例 ・部会別協議	学校関係者 約150名 運営協議会 約150名
11月	・コミュニティ・スクール推進校関係者	第5回コミュニティ・スクール研修会（兼「フォローアップ研修会」） ・マネジメント ・評価指標	3年目校長 約70名 推進校校長 10名 推進校委員 10名

◆指導主事・社会教育主事研修会（年3回）
・コミュニティ・スクール及び地域協育ネット推進に関する会議

◆文部科学省研究校成果報告会（年1回）
・指導主事、社会教育主事、研究校代表者を対象とした成果報告会議

◆社会教育所管課との連携研修（通年）
・地域住民を対象とした地域コーディネーター育成講座
・学校運営協議会や学校を対象とした学校運営協議会における熟議の為の出前講座

◆教育長自主研修会、県教委と市町教委の合同研修会、課長会議、課長フォーラム
・コミュニティ・スクール導入や充実に関する研修

※地域協育ネット
　子供たちの幼児期から中学校卒業程度までの育ちや学びを地域ぐるみで見守り、支援する、山口県独自の仕組み。

山口県教育委員会の研修計画（例）
出典：コミュニティ・スクールのつくり方（学校運営協議会設置の手引き）より

（3）委員の任命と身分

　学校運営協議会の委員は非常勤の公務員の扱いとなる。そのため、一定の責任が発生する。委員個人の興味関心で意見を述べた

り、第三者の視点だけで話したりするのではなく、育てたい子ども像などの実現に向かって自らも当事者として意見を言う必要がある。委員は学校の抱える課題に深く入れば入るほど学校の機密情報を聞く可能性も出てくるため、教育委員会は守秘義務を課すことなども必要である。

学校運営協議会を効果的に活用するためには委員の人選が最も重要である。地

委員構成（例）

※市区町村や学校の規模に応じて、人数には幅があります。

・自治会代表
・公民館代表
・ＰＴＡ代表（保護者代表）
・地域学校協働活動推進員
・婦人会代表
・青年会議所代表
・おやじの会代表
・同窓会代表
・伝統芸能保存会代表
・民生委員代表
・接続する中学校の校長
・学校担当指導主事
・当該校　校長　　　　など
（当該校の校長を委員とする場合には、学校運営
　の基本方針の承認など、議題により議論や議決
　から外れるといった運用が考えられます。）

学校運営協議会委員の構成（例）
出典：コミュニティ・スクールのつくり方
　　（学校運営協議会設置の手引き）より

域にある団体等の長を充て職として配置するのではなく、校長の実現したいことや意見がほしい視点からどのような人を推薦するべきか選ぶ必要がある。そうしたことを実現するためにも2017（平成29）年の法改正により校長が教育委員会に対して委員を推薦できる規定とした。これは校長がより協議会を通じてリーダーシップを取りやすい体制に変更されたということだ。また地域学校協働活動推進員等を配置するなど地域学校協働活動との連携を図りやすい人選を行うことも考えに入れておきたい。

一方、教育委員会は学校運営協議会が応援団でありながら、チェック機能であることを念頭におき、校長が推薦できる機会を

設けるなどをする必要がある。

　また、2023（令和5）年4月に施行された「こども基本法」においても、子どもの意見表明権が謳われている。協議会のなかでも子どもたちが学校運営に関する意見を言う機会を設けることも重要な課題といえる。

　地域とともにある学校の実現に向けて、一定の責任を持ち、また自らも当事者として合議に参加する以上、大げさに言えば会社では執行役員の立場である。リーダーシップを執る校長と協力・協働できる人選と委員との日頃からの対話を行うことにより、校長を支えるチームがつくられるはずだ。

（菅野祐太）

《注》

※1　教育委員会における人事行政において、教職員の任命権者である都道府県教育委員会に対して、市町村教育委員会が教職員の身分上の監督を行うため内申権を持つ。校長は直接把握している立場にあるので市町村教育委員会に対して、具申権を持つ（「地方教育行政の組織及び運営に関する法律」に根拠規定）。

私のコミュニティ・スクール

四柳千夏子

　コミュニティ・スクールを推進していくためには、行政の伴走支援として予算の確保は欠かせない。何をするにもお金がかかるのだ。まずは委員報酬。学校運営協議会委員は、教育委員会より非常勤特別職公務員として任命を受ける。各自治体の教育委員会規則に基づき委員報酬が発生する。

　学校運営協議会がスタートすると、会議が行われる。会議には資料が必要。紙代、印刷費、委員の皆さんには会議用のファイルも必要だろう。熟議をやるとなれば模造紙、付箋、マジック、あるいはホワイトボードなど、会議一つにしても事務消耗品費がかかる。学校予算を借用するのではなく、コミュニティ・スクール関連予算として学校予算とは別建てでの計上をぜひお願いしたい[※1]。

　活動が本格的に稼働すれば、広報誌をつくりたくなったり、事業をやりたくなったり、連絡システムをつくりたくなったり。コロナ禍では有料アカウントでのオンライン会議が窮地を救ったし、講師を招いた研修もやりたい。視察にも行きたいし、フォーラムにも参加したい。本気になればなるほどいろんなことがやりたくなるし、やるにはお金が必要なのだ。そうは言っても自治体の予算には限りがある。財政はどこも厳しい。例えば学校単位やPTAなどでクラウドファンディングに取り組んでいる事

例も増えているし、ふるさと納税を活用することも可能だ（参照：岐阜県飛騨市公式ホームページ https://www.city.hida.gifu.jp）。ともあれ、子どもたちの豊かな育ちや学びのために、コミュニティ・スクールを運営するための予算をどう確保するのか？地域の私たちがある程度の自由度をもった主体的な取組をするには、自主財源、つまり「自分たちのお財布」がほしくなる。

　さて、我が三鷹市では、子どもたちのチャレンジの場として漢字検定や数学・算数検定、英語検定の団体受検を学園単位で行っている。それぞれの学校を団体受検の準会場に登録し、学校運営協議会委員のメンバーが中心になって検定実行委員会を立ち上げ、学校支援団体に事務局運営をしてもらい、検定の運営の一切を学校から切り離し地域が運営している。子どもたちは遠いところまで試験を受けに行く必要がなく、通い慣れた学校で受検ができ、普段から見慣れている顔見知りの地域の人が試験監督してくれる安心感がある。また毎年開催されることで、毎年受検級を上げながらチャレンジすることができるので、年々受検者が増加している。

　その際、手元に入る運営事務費（各検定協会ごとの規定により金額には違いがある）を、学校運営協議会の予算として有効活用できるよう、現在、教育委員会などと相談、協議を行っている。「自主財源」確保のために、さまざまな工夫や改善を模索しているところである。

　後日談だが試験監督に入ってみてわかったこと。受検者情報を記入させてみると、中学生なのに自宅の住所がわからない、郵便番号がわからない、電話番号がわからない、生年月日の西

暦がわからない、という子どものなんと多いことか。おいおい、これから模試とか増えるけどダイジョブか？　さっそく学校に報告。そんなメリット？もあるのだ。

　学校を核として地域主体で「何かやりたい」、それには「自分たちの自由になるお財布」がほしい。教育委員会からの補助金ももちろんだが、それだけをあてにするのではなく、自由度を高めたい。学校と地域をつなぐためのツールや広報誌を地域の企業や病院、事業所などから広告料をもらって作成したり、参加費をいただいてイベントを開催したり、自分たちの自由度を高め、主体的な活動のための「自分たちのお財布」（ふるさと納税やクラウドファンディングなども考えられる）。

　学校運営協議会で学校と地域が、地域団体同士が、あるいは子どもたちと話し合いながら、子どもたちの育成のために「こんなことやりたい！」を実現することは、学校と地域の一体感を醸成するためにも大切な仕掛けなのだ。みんなで取り組むと達成感も大きい。「子どもたちのためにこんなことがやれた！」「子どもも楽しかっただろうけど、大人も楽しかった！」「次はもっと楽しみたい！」子どものため、と言いながら実は大人が楽しんでる、そんなみんながわくわくできる仕掛けをいろいろ企画してみよう。すると、そこには新たな出会いとかつながりとか、新しい価値が生まれる。

　一方で地域の営みに思いを馳せてみよう。コミュニティ・スクールを新たに導入することになった地域の皆さんは、「コミュ

ニティ・スクール」などと耳慣れない新しい言葉で、見たこと
も聞いたこともやったこともない、まったく新しいことが始ま
るのか、これまでも学校や子どもたちのために、いろんなこと
をやってきているのに、もっと何か新しいことをやらなければ
いけないのか、と不安になっておられないか。

　以前、テレビ番組でとある地方の伝統あるお祭りを取り上げ
ていた。そこのお祭りには子ども囃子があり、子どもたちは青
年団（子どもOB）に指導を受ける。青年団は青年団として祭り
における役割があり、中堅どころのお父さん世代（青年団OB）
に教えを受ける。そしてそれを長老たちが見守る。こうして子
ども囃子は綿々と受け継がれてきている。何と素晴らしい地域
の力。テレビで取り上げられるほどではないにしろ皆さんの地
域にもないだろうか。どんど焼き、餅つき、こいのぼりなどの
季節の行事やお祭り、お神楽などの神事、地域に根づいている
伝統行事などなど。地域の皆さんがそのなかで育ってきたよう
に、子どもたちもまた育っていくのだ。

　こんなこともやっておられないだろうか。毎朝、家の前の掃
除に出ると学校に登校していく子どもたちがいて、「おはようご
ざいます」と挨拶を交わす。名前も知らないけど、とにかく毎
朝毎朝「おはようございます」の声を聞いている。ある日いつ
もどおり「おはよう」と挨拶したら声の調子がいつもとちょっ
と違う。「今日はなんだか元気がないな」ちょっと気になる。そ
れでも毎朝「おはよう」を続けていると数日後元気な声が返っ
てきた。ああ、よかった、元気に学校行けてるんだな、とホッ
とする。

たった一言の「おはよう」だけのふれあいだけど、どんなと
きでも同じように「おはよう」と声をかけてくれる顔見知りの
地域の人の存在は、子どもにとって安心をもたらすのではない
だろうか。もしかしたら学校に行きたくなくて憂鬱を引きずっ
ているかもしれない。そんなときにいつもどおりの「おはよう」
は、たった一言だけどその子にとっては心の灯になっているの
かもしれないのだ。

　ちょっと横道にそれたが、コミュニティ・スクールであろう
となかろうと、子どもを育む地域の思いは変わらない。コミュ
ニティ・スクールでなかったこれまでも、コミュニティ・スクー
ルになるこれからも、変わることなく地域の子どもは、地域で
育てているのである。
　なので地域の皆さん、心配ご無用。何しろ地域の大人は子ども
にとってはナナメの関係とも言われているように、親や教員のよ
うに子どもを評価することもないし、先入観で見ることもない。
人間関係が濃密すぎてがんじがらめということもない。私も自
分が髪振り乱して子育てしている頃はそんな余裕もなかったが、
地域のおばちゃんになった今や、小学校１年生なんて何やって
もカワイイ、癒される。そう！　皆さん、今までどおり正々堂々
地域のおじさん、おばさんでいようではありませんか！

　コミュニティ・スクールのなかで生まれる新しい地域の価値
も、昔から綿々と続くいわゆるべたな地域性の価値も、どちら
も素晴らしい宝物。その地域の力を引き出し、つながりを生み
出す。地域が主体となって子どもたちの育ちに関わる、またそ

の力が学校教育とつながることで子どもたちの学びがより豊かになる。「つながり」は放っておいても醸成されるものではない。「つながり」は「つなげて」いる人がいるからこそ育まれる。その担い手が地域学校協働活動推進員、地域コーディネーターである。さあ、校長先生！　コーディネーターを務めてくれる人財を見つけよう。

　最近各地でよく「うちの学校（のエリア）にはなかなかそういう人財がいない」という話を聞く。人口減少著しい過疎化のまちならマンパワーがない、ということもあるかもしれない。でも、言いたい。「人財がいない」のではなく、そういう人を見つけられていないだけではないだろうか。見つけられないのも当たり前、地域の人は自ら手をあげたりしないし、頭に「コーディネーターデキマス」という旗が立っているわけでもない。しかも、コーディネーターという仕事は大変わかりにくい。どんな仕事なのかよくわからないものに名乗りをあげたりする人はそういない。

　眠れる人財をどう発掘するのか、校長先生にはぜひともアンテナを高く、保護者や地域を見渡してほしい。学校のお手伝いによく参加している人、公民館でよく見かける人、顔が広くお世話好きな人、明るく笑顔がステキな人……。人財は必ずいる。そう、絶対に。

　「この人」が見つかったら、学校や地域に「この人」を紹介しよう。学校教育と地域をつなぐためには、学校のニーズを知ること、地域の人脈を増やすこと、地域に協力をお願いして回ること、などあっちにもこっちにも顔を出していくことになる。地域から見たら「学校の教職員でもないのに、この人なんで学校の話をしているんだろう」と思われるし、教員から見たら「教

職員でもないのに、やたらと学校にいて、この人は何をしているんだろう」と思われる。コーディネーターとしての動き始めは学校のなかでも、地域のなかでも本当に動きにくいし居心地が悪いのだ。そんなとき校長先生が、学校の教職員全員に、そして地域の皆さんにも「この人に学校のコーディネーターをお願いしました。これからは学校と地域をつなげる大事な仕事をやってもらいます」と言ってくれることで俄然動きやすくなる。だいぶずうずうしい私でさえ学校にガンガン入って行ったりできなかったし「アンタ、コーディネーターなんでしょ？」と地域のオネエサマ方にやや上から目線で言われたりした経験を持つ。居心地がよくなるまで、やりがいを感じられるようになるまでには一定の時間がかかるのだ。なのでぜひ、それまでは校長先生の後ろ盾、「よろしくお願いします」。

　ではコーディネーターは何をすればいいのだろう？　実はコーディネーターには決まったやり方は何もない。全国統一のマニュアルなんて何もないのだ。でも、凄腕のコーディネーターは全国各地にいて、たくさんの、多岐にわたる実践がある。学校の状況も、地域性も、持っている人脈も地域資源もそれぞれ違うなかで、実践事例はとても勉強になるが、それが正解というわけでもない。そもそも正解も不正解もない世界。ではどうする？
　まずは学校のニーズを知ること。いきなり全員の教員とコミュニケーションを取るのは難しいことだが、小さなことを一つでもいいから学校からの依頼事を受けて、自分の持っている人脈などを頼りにつなぐことができると一つ成功、「やったー！」。

そんな小さな成功体験を繰り返すことで、ほかの教員からも依頼が増え、いつの間にか学校との信頼関係ができてくる。経験を積んでくると、アイデアの引き出しも増えるので、頼まれたことをこなすだけでなく、付加価値をつけた提案もできるようになる。地域の人たちも、関わった人から話を聞いたりして自分も参加してみたいなぁ、と思う人が現れ、横のつながりができ地域の輪も広がっていく。地域もより豊かに元気になっていく。長年継続している活動も活性化するし、新しい活動も生まれてくる。

　例えば小学校1年生の生活科には「昔あそび」という単元があり、けん玉やコマ、お手玉などを体験させるため地域の高齢者などから教わりたい、と1年生の担任から依頼があった。知人Kさんに声をかけた。Kさんは、当時、某有名企業のエンジニアを定年退職し、地域デビューをしたばかり。コマなら少年時代得意だったということで張り切って学校にやってきた。授業が終わって何だか元気がない。聞けば、コマはできたけど、孫より幼い6歳の子どもたちがわかるように説明することができなかった、と。そこでKさん、「昔あそび研究会」を立ち上げ、コミュニティセンターでシニア世代の仲間たちとコマやメンコの研究にいそしんだ。あれから10数年、Kさんも後期高齢者の仲間入りだが、今やあちこちの小学校から昔あそびの声がかかるようになり、さらに市の大きなイベントで「昔あそびブース」を任されるようになった。だんだん体がきつくなってきた今は、授業のお手伝いに来てくれる保護者に伝授し、バトンを渡していこうとその作戦を考えている。お会いすると「僕ももう年だから」と言いながら生き生きと活動されているご様子。子ども

たちに関わる活動は、私たち大人にエネルギーをくれるし、私たちを豊かにしてくれる。手前みそだが、いいことできたな。

　実はコーディネーターという仕事、やればやるほど依頼事が増える。つまり仕事が増え、一人ではこなしきれなくなってくる。そうしたらコーディネーターも仲間を増やして「チーム」でやろう。地域の輪のなかに、一緒にコーディネーターをやってくれる人がいるはず。輪と輪がゆるくつながって（ゆるく、というところがミソなのだ）いけるとネットワークがますます広がっていく。

　そこで「支援」と「協働」の違いについて考えた。長いこと地域は、「学校のために」「学校に言われて（お願いされて）」学校を支援してきた。学校は地域に「助けられている」「やっていただいている」ので頭が上がらない。まあ、地域の方はほぼ無償の「厚意」でやっているわけなので感謝の気持ちは忘れちゃいけないけど、何だろう、この「やってあげてる」感。そして言っちゃなんだけど、地域は学校の便利屋さんではない。このちょっとした貸し借りの関係、お互い言いたいことも言えずにこの関係性を続けていくのは限界がある。これまで続けてこられたとしても、今、保護者や地域の側には大きな課題があることを感じておられるだろうか。昔は時間に余裕のある保護者や地域が学校支援の担い手だったが、今や働く保護者が圧倒的に増え、さらにコロナ禍で保護者同士や保護者と地域、地域同士のつながりが分断され、担い手のつながりが断たれているのである。

そんな今だからこそ、学校と地域の「支援の関係性」や活動そのものの見直しが必要だし、新しい価値を生み出すチャンスでもある。コミュニティ・スクールの機能を活かし、学校運営協議会が学校の教育課程を含む基本方針を承認することで、学校と地域が目指す方向性や子どもたちに身につけさせたい資質・能力を共有し、子どもたちを育てるイコールパートナーとして「社会に開かれた教育課程」を実現させていく（下図）。やってあげる、やっていただくの貸し借りの関係から、同じ目標を持ったもの同士の「協働」として子どもたちを育んでいくことが新しい価値（でも、ずっとやってきたことでもある）である。

これからの教育課程の理念

よりよい学校教育を通じてよりよい社会を創るという目標を学校と社会とが共有し、それぞれの学校において、必要な教育内容をどのように学び、どのような資質・能力を身に付けられるようにするのかを明確にしながら、社会との連携・協働によりその実現を図っていく。

＜社会に開かれた教育課程＞

① 社会や世界の状況を幅広く視野に入れ、よりよい学校教育を通じてよりよい社会を創るという目標を持ち、教育課程を介してその目標を社会と共有していくこと。

② これからの社会を創り出していく子供たちが、社会や世界に向き合い関わり合い、自分の人生を切り拓いていくために求められる資質・能力とは何かを、教育課程において明確化し育んでいくこと。

③ 教育課程の実施に当たって、地域の人的・物的資源を活用したり、放課後や土曜日等を活用した社会教育との連携を図ったりし、学校教育を学校内に閉じずに、その目指すところを社会と共有・連携しながら実現させること。

11

これからの教育課程の理念
出典：2017（平成29）年度文部科学省「新しい学習指導要領の考え方
―中央教育審議会における議論から改訂そして実施へ―」より引用

そして、ここに活かされていく地域の力は、地域によっ
て全然違っている。子どもたちのどんな学習のために、ど
んな力をどのようにつなげるのか、そこは学校運営協議会
委員や地域学校協働活動推進員の腕の見せどころ。考えた
だけでわくわくしませんか？

《注》
※1　学校運営協議会委員報酬及び会議費等のコミュニティ・スクー
　　　ルを運営するための経費については、地方交付税として、国から
　　　自治体に対して一定の財政措置がなされている。

第 **5** 部

コミュニティ・スクール
の実際

国内の先進事例を６件紹介。海外の事例として、日本
が制度設計の際に参考としたイギリスと、福祉制度と
組み合わせているスウェーデンと、民主主義醸成の歴
史を持つイタリアの効果や工夫が顕著な国の事例をそ
れぞれ見てみる。

もっと自由にコミュニティ・スクール

　ここでは文部科学省の資料に基づきながら、全国のコミュニティ・スクールにおける取組を紹介し、コミュニティ・スクールでどんなことができるのかをみていく。

（1）コミュニティ・スクールによる学校・家庭・地域の役割の明確化と連携・協働（東京都三鷹市）

　東京都三鷹市では、中学校区ごとに「学園」として、中学校と複数の小学校に対して一つの学校運営協議会を設置している。そのなかの三鷹中央学園（三鷹市立第四中学校、第三小学校、第七小学校）では、学校の教育目標や育てたい子ども像に基づき、学校・家庭・地域が具体的に何ができるか、どのように取り組むかを熟議により、議論し、明らかにした「パワーアップアクションプラン」を作成し、関係者それぞれの当事者意識を高めるとともに、互いの取組を意識した積極的な連携を促進している。

　この「パワーアップアクションプラン」は、教育委員会や学校がつくった「役割分担表」ではなく、学校・家庭・地域がそれぞれの立場で当事者として熟議に参加し、また、学校運営協議会などで議論してつくりあげていったもので、完成したプランはもちろん、これをつくる過程において、目標やそれぞれの取組の共有などが図られることも意義がある。

　なお、この「パワーアップアクションプラン」は改定に向けて、さらなる「熟議」が重ねられている。

【事例】CSIによる学校・家庭・地域の役割の明確化と連携・協働（東京都三鷹市）

背景・取組概要

三鷹中央学園では、学校の教育目標や育てたい子供像に基づき、学校・家庭・地域がどのように取り組むか、それぞれの役割を明確にした「パワーアップアクションプラン」を作成し、関係者の当事者意識を高めるとともに、相互に連携して教育活動を実施している

三鷹市三鷹中央学園（市立第四中学校、第三小学校、第七小学校）では、学校運営協議会において、学校の教育目標や育てたい子供像を育てたい子供像の実現に向けて、学校・家庭・地域・地域と子供達自身の取組を見える化した「パワーアップアクションプラン」を作成し、関係者に広く共有。互いの取組を自覚し当事者意識を高めることで連携した活動を実施共有により、学校・家庭・地域の関係者それぞれが役割を自覚し当事者意識を高め連携した連携的な活動にもつながっている

工夫・ポイント

◆ アクションプランは、学校運営協議会委員だけでなく、熟議を通じて小・中学校教員等、多くの当事者の声を活かして検討・作成

◆ 幅広い関係者全体に周知し、目指す方向性やお互いの取組が共有され、連携することでより効果的な教育活動につながっている

特徴的な活動

◆ 学校・家庭・地域・子供たちそれぞれの役割・取組を見える化した「パワーアップアクションプラン」を作成し、関係者全体で共有

◆ 学校運営協議会が広報誌を作成し、保護者や地域の関係者に幅広く周知し、アクションプランに基づき連携した取組を実施

関係者の声

（学校）「学校の役割が明確化になり、それを踏まえて家庭や地域に働きかけられるようになった。」

（地域）「熟議を通じて、地域の行事を見直すまとめて見直すきっかけにもなった。」

三鷹中央学園パワーアップアクションプラン（一部を抜粋、簡略化）

目指す学園生徒	学校での取組	子どもの取組	家庭での取組	地域での取組
すすんで学ぶ（確かな学力）	魅力ある授業づくり など	読書習慣家庭学習 など	子供の学習内容への関心 など	放課後や休業中のサポート など
感謝と思いやり（人間性）	異学年交流・ふれあい指導 など	家庭で挨拶・言葉づかい など	郷土に愛着・地域の再認識 など	体験・交流の機会充実子供を見守る場を作る など
たくましい心と体（心身の健康）	集団生活習慣運動・部活動・食育の推進 など	時間を守る規則正しいゲームとの生活習慣 など	規則正しい生活ゲームとスマホの利用ルール など	運動させる機会の充実 など
地域・社会貢献（地域への愛着）	防災訓練 など	ボランティア地域防災や防災訓練に関わる経験 など	学校・地域行事への参加地域の防災訓練 など	登下校の見守りなど安全安心による環境づくり など

東京都三鷹市のコミュニティ・スクール

出典：文部科学省 コミュニティ・スクールの在り方等に関する検討会議 最終まとめ～学校と地域が協働する新しい時代の学びの実現に向けて～ 参考資料（スライド15）
校運営の実現に向けて～

（2）コミュニティ・スクールによる学校運営の基本方針の作成と改善（福島県本宮市）

　福島県本宮市立本宮まゆみ小学校では、学校の教育目標に基づく基本方針（ビジョン）を、学校運営協議会での年間を通じた保護者や地域住民との熟議により作成しており、その際には、学校関係者評価の結果を踏まえた修正を加えている。
　学校運営協議会において単に承認するだけでなく、基本方針の作成に関わることで学校の考えや抱えている課題等が共有され、関係者の当事者意識も高まっているという。

（3）コミュニティ・スクールによる「社会に開かれた教育課程」の実現（山口県萩市）

　山口県萩市立大島小中学校では、学校が小中一貫教育校としてスタートするにあたり、地域のひと、もの、ことを活かした9年間の実効性ある学校・地域連携カリキュラムを児童生徒を含む学校、保護者、地域が一体となって開発した。学校運営協議会では、カリキュラムを検討する上で土台となる萩大島地域の強みと課題の洗い出しを行ったり、強みを活かした学習内容の抽出を行ったりするとともに、カリキュラムで児童生徒に身につけさせたい資質・能力などの情報共有を幅広い関係者と一体となって推進したという。

【事例】CSによる学校運営の基本方針の作成と改善（福島県本宮市）

背景・取組概要

本宮市立本宮まゆみ小学校では、学校の教育目標に基づく基本方針（ビジョン）について、学校運営協議会での協議等を通じて、実現のための方策や具体的な取組、実践方法等を含め検討・作成し、保護者や地域の思いを反映した学校運営を進めている

本宮市立本宮まゆみ小学校では、学校運営協議会において、年間を通じて保護者や地域住民との協議（熟議）を行いながら、次年度の学校の基本方針（ビジョン）を作成しており、基本方針を作成する過程で学校評価（学校関係者評価）を踏まえた修正等を加えるなど、年間を通じての取組が、次年度の教育活動の改善につながる学校運営を進めている

工夫・ポイント

◆ 学校運営の基本方針を保護者や地域と一緒に作成する過程として学校運営協議会を活用
◆ 幅広い関係者の熟議が基本方針作成に関わることで、学校の考え方や抱えている課題・理解が共有され、地域からの学校の見方が変わり、関係者全員の当事者意識が向上
◆ 学校関係者評価を踏まえた検討を加えることで、実情・評価に基づく改善につなげる

特徴的な活動

◆ 学校の基本方針を、年初等の区切りではなく、年間を通じた熟議により地域とともに作成
◆ 協議により、具体的な取組や教育課題等での連携、地域住民などの役割分担が明らかに整理
◆ 参観日の申込や児童の出欠確認にICTを活用するなど、働き方改革に資する取組も促進

関係者の声

（学校）「協議を学校運営に活かすためには、校長の意識とマネジメント能力が非常に重要」
「方針に基づき、地域の思いや意見及び踏まえた教育課題の醸成につながっている」
（地域）「協議を通じて、学校の困り感がよく理解でき、それを踏まえた協力ができている」
（保護者）「家庭等を通じて、学校の基本方針を意識した子供との関わりができている」

学校運営協議会における協議の流れ

開催	項目	協議内容（運営方針関連等）※
4月	協議	当該年度の方針・取組等についてあらためて共有
6月	熟議①	重点目標を実現する方策の検討 →目標の実現に向けた対応方策を協議
8月	熟議②＋協議	具体的な活動の検討 →方策を具体的な取組に落とし込む
10月	熟議③＋協議	取組をどうやって実現するかを検討（教育課程に組み込み、地域活動として実施、など）
12月	ビジョンまとめ	3回の熟議を踏まえ、次年度の方針を整理
2月	学校評価	学校関係者評価を踏まえ、改善点等を検討し方針を修正
3月	承認	関係者全員でつくった次年度の方針を学校運営協議会として承認

※ 各回、必要に応じて上記以外の議題についても協議

福島県本宮市のコミュニティ・スクール

出典：文部科学省 コミュニティ・スクールの在り方等に関する検討会議「コミュニティ・スクールの在り方～学校と地域が協働する新しい時代の学びの日常に向けた対話と信頼に基づく学校運営の実現に向けて～」参考資料（スライド16）

文部科学省 コミュニティ・スクールの在り方等に関する検討会議 最終まとめ～学校と地域が協働する新しい時代の学びの日常に向けて～

山口県萩市のコミュニティ・スクール

出典：文部科学省 コミュニティ・スクールの在り方等に関する検討会議「コミュニティ・スクールの在り方等に関する検討会議 最終まとめ～学校と地域が協働する新しい時代の学びの日常に対話と信頼に基づく学校運営の実現に向けて～」参考資料（スライド17）

（4）コミュニティ・スクールによる生徒指導上の課題解決（福岡県春日市）

　福岡県春日市立春日西中学校では、補導件数の多さや生徒の問題行動等が課題になっていた。学校運営協議会を導入し、学校運営協議会において学校の困りごとを包み隠さず話し、目指す学校・生徒像やそのためにすべきこと等について議論を重ねていくなかで、地域住民も率直に情報を出す学校の姿勢にその本気度を感じ、学校、保護者、地域と警察が連携した夜間パトロールの実施に至った。また、教育課程の内外において、生徒が地域の行事等にボランティアとして積極的に参加できる仕組みも確立。結果として、補導件数は激減し、生徒による地域ボランティアは増加し、子どもたちの自尊感情や自己有用感が高まり、社会性、規範意識等も伸びているという。

（5）コミュニティ・スクールによる学校の働き方改革の推進（岡山県浅口市）

　岡山県浅口市の複数の学校では、学校運営協議会や地域学校協働活動を活用した働き方改革を進めている。育てたい子どもの姿や学校、家庭、地域の課題を共有し、関係者が協議しながら、学校業務の棚卸しに取り組むことで、共通理解のもとで業務の見直しを進めることが可能になったという。また、関係者との熟議の過程で、教員自身が教育活動の目的や必要性を再整理・再認識し、業務の見直しや意識改革にもつながったという。

　昨今、学校運営協議会や地域学校協働活動が学校の働き方改革との関わりのなかで語られることが増えている。ともすれば、学校、家庭、地域の適切な役割分担という名目の下で、単に家庭や

地域がボランティアで、学校の下請けとなり、教員の超過勤務時間を削減するための手段であるかのような記述も散見される。この事例の重要な点は、目標を共有した上で（＝関係者が当事者となり）、関係者の視点を入れながら、また同時に合意形成を図りながら、学校の業務内容の精選や教員の意識改革が行われている点であろう。そして、そうしたときに学校運営協議会の仕組みは有効に活用することができる。しかしながら、学校運営協議会は学校教育の充実ひいては子どもたちの学びの充実のための仕組みであって、学校の働き方改革のためのものではないことは肝に銘じておく必要があろう。

（6）コミュニティ・スクールによる学校と地域の防災体制の強化（熊本県）

　熊本県では、2016 年の熊本地震の経験から、災害時の対応が円滑に進むよう県立高等学校に防災に重点を置いたコミュニティ・スクールを導入している。具体的には、学校運営協議会の委員に関係機関や自治体職員など防災の専門家を任命したり、学校運営協議会の承認事項に防災教育や県立学校を中心とした地域防災に関する事項を追加し、学校と地域の連携・協働を進めた。これらによって地元自治体との避難所指定の協定締結や学校防災マニュアルの策定、学校と地域の合同防災訓練などの具体的な防災に向けた取組も増加しているという。

（越政樹）

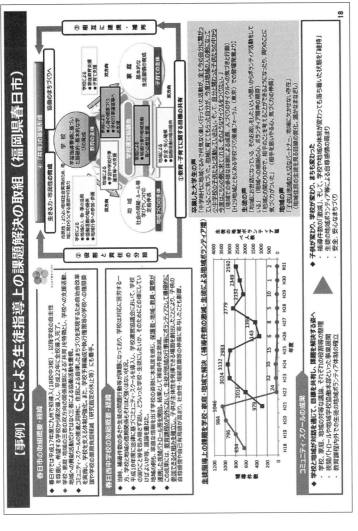

【事例】 CSによる生徒指導上の課題解決の取組 （福岡県春日市）

福岡県春日市のコミュニティ・スクール
コミュニティ・スクールの在り方等に関する検討会議 「コミュニティ・スクールの在り方
等に関する検討会議 最終まとめ～学校と地域が協働する新しい時代の学びの日常に向けた対話と信頼に基づ
く学校運営の実現に向けて～」参考資料 （スライド18）

出典：文部科学省

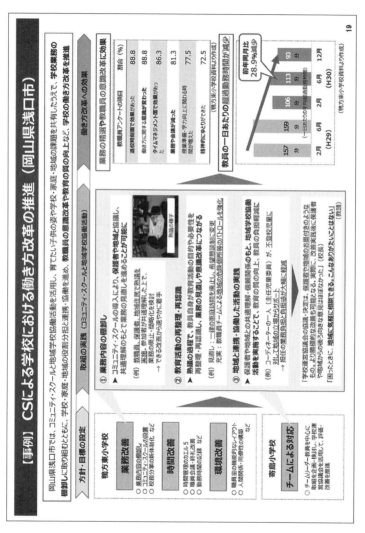

【事例】CSによる学校における働き方改革の推進 （岡山県浅口市）

岡山県浅口市では、コミュニティ・スクールと地域学校協働活動を活用し、育てたい子供の姿や学校・家庭・地域の課題を共有したうえで、学校業務の棚卸しに取り組むとともに、学校・家庭・地域の役割分担と連携・協働を進め、教職員の意識改革や教育の質の向上など、学校の働き方改革を推進

| 方針・目標の設定 | 取組の実践 （コミュニティ・スクールと地域学校協働活動） | 働き方改革への効果 |

鴨方東小学校

業務改善
○業務内容の棚卸し
○コミュニティ・スクールの活用
○校務分掌の新体制化 など

時間改善
○時間管理の見える化
○職員会議・校内研修 など
○勤務時間の記録 など

環境改善
○職員室の機能的なレイアウト
○人間関係・同僚性の構築 など

寄島小学校

チームによる対応
○チームリーダー教員を中心に取組を企画・検討し、学校運営協議会を活用して、評価・改善を推進

① 業務内容の棚卸し
▶ コミュニティ・スクールの導入により、保護者や地域と認識し、共通理解のもとで業務の見直しを進めることが可能に
（例）教職員、保護者、地域住民で熟議を
追加・参加促すが共通理解したうえで、
業務の防止・簡略化を検討
→できる改善点から改善や整理に着手

② 教育活動の再整理・再認識
▶ 熟議の過程で、教員自身が教育活動の目的や必要性を再整理・再認識し、業務の見直しや意識改革につながる
（例）見直し：一律の実施形態を地域ごとの危険個所確認のパトロールを強化
充実：教職員チームによる地域の危険個所確認のパトロールを強化

③ 地域と連携・協働した活動の実践
▶ 保護者や地域との共通理解・信頼関係のもと、地域学校協働活動を実践することで、教育の質の向上、教員の負担軽減に
（例）コーディネーターの一人（生徒児童委員）が、不登校児童に
対し地域の立場から寄り添った
→担任の業務負担を大幅に軽減

「学校運営協議会の協議・決定は、保護者や地域の意思付けのようなもの。より積極的な改善が改善を呼び可能になる。実際に、改善実践後に保護者や地域からの後ろ向きな意見は全く出なかった。困ったときに、地域に気軽に相談できる、こんなありがたいことはない」（教頭）

働き方改革に効果

教職員アンケートの項目	割合(%)
連絡時間面で効果があった	88.8
働き方に関する意識が変わった	88.8
タイムマネジメント面で効果があった	86.3
睡眠や余裕が増えた	81.3
授業準備・学力向上に関わる時間が増えた	77.5
精神的にゆとりがあった	72.5

（鴨方東小学校資料より作成）

教員の一日あたりの超過勤務時間が減少

前年同月比
28.9%減少

2月	6月	2月	6月	6月	12月
157分	159分	106分	113分	93分	
(H29)			(H30)		

（鴨方東小学校資料より作成）

19

岡山県浅口市のコミュニティ・スクール

出典：文部科学省 コミュニティ・スクールの在り方等に関する検討会議 「コミュニティ・スクールの在り方等に関する検討会議 最終まとめ～コミュニティ・スクールと地域学校協働が協働する新しい時代の学びの日常に向けた対話と信頼に基づく学校運営の実現に向けて～」 参考資料 （スライド19）

【事例】 CSによる学校と地域の防災体制の強化（熊本県（高等学校））

熊本県では、熊本地震の経験を踏まえ、災害時の対応が円滑に進むよう、県立高校に防災に重点を置いたコミュニティ・スクールを導入し、地域と学校の連携・協働を進め、地元自治体（市町村）との避難所指定の協定締結を進めるとともに、地元住民との合同防災訓練など、地域と一体となった取組を実施

背景・取組概要

熊本県では、平成28年（2016年）4月の熊本地震において、市町村との避難所指定の協定の有無に関わらず、多くの県立高校が避難場所となり、

・避難所運営に係る体制（教職員の役割など）が明確に整備されていない
・トイレや空調などの設備や備蓄品などが不足

などの課題に直面した経験から、地域と一体となった防災体制の構築に向けて、防災に重点を置いたコミュニティ・スクールを導入

工夫・ポイント

◆ 学校運営協議会の委員に、関係機関職員や自治体職員及び防災の専門家を任命
◆ 学校運営協議会の承認事項に、防災教育や県立高校を中心とした地域防災に関する事項を追加することで、関係者が学校付けて地域防災体制を深める
◆ 学校運営協議会を活用し、関係者が学校付けて地域全体の防災の課題など共有

特徴的な活動

◆ 専門家や地域の意見を踏まえた学校防災マニュアルの策定
◆ 地元市町村との避難所指定の協定締結
◆ 学校と地域の合同防災訓練や避難所運営シミュレーション等の実施

関係者の声

（学校）「地域と合同で防災訓練を実施することで、生徒及び教職員の意識が高まった。」
（地域）「高校生が地域を学び、地域に関わることで、地域への愛着心や防災への認識が深まる。」
（生徒）「災害が起きた時に、私たち高校生が地域の方々を助けられるように取り組みたい。」

◆CS導入状況（県立高校）
　H28：2校 → H29：50校（100%）
◆避難所指定の協定締結数
　40校（R2年8月時点）

21

熊本県のコミュニティ・スクール

出典：文部科学省 コミュニティ・スクールの在り方等に関する検討会議「コミュニティ・スクールの在り方等に関する検討会議 最終まとめ～学校と地域が協働する新しい時代の学びの日常に向けた対話と信頼に基づく学校運営の実現に向けて～」参考資料（スライド21）

2　イギリス[※1]の学校理事会

　そもそも日本のコミュニティ・スクールは、アメリカの
チャータースクールやイギリスの学校理事会（school governing
board）をモデルとして発想されたものである[※2]。そこで本家と
もいうべき、イギリスの学校理事会について紹介する。
　学校理事会は、1944年教育法により導入された制度である。
その後、「1986年教育法（第2）」及び「1988年教育改革法」に
より、保護者や教職員等により構成される学校理事会が学校経営
の最高意思決定機関として位置づけられている。

（1）学校の戦略的リーダーとしての学校理事会

　イギリスでは、「1988年教育改革法」等により示された自律的
学校経営（Local Management of Schools）の方針に基づいて、
日本の教育委員会にあたる地方当局（Local Authority）の権限
が縮小され、学校にほぼすべての経営権限が委譲され、その経営
権限を担う組織として学校理事会が整備されてきている。つまり
学校理事会は、学校理事会によって委任された自主性、権限及び
機能の範囲内で活動する校長とともに、学校の戦略的なリーダー
として、学校経営の全般的な管理とマネジメントに責任を負って
いるのである。
　学校理事会の機能[※3]は、①ビジョン、精神、戦略的方向性を
明確にすること、②学校と児童生徒の教育成績及び教職員の効果
的かつ効率的な業績管理について説明する責任を学校管理職に持
たせること、③学校の財務業績を監督し、その財源の適切な使用

状況を確認することである。そして学校理事会は、校長の責任である日々の学校運営に関与しないようにすべきであるとされている。

　では実際には、学校理事会と校長がどのような役割分担をしているのであろうか[4]。例えば、財務と教育課程については表1のように整理されている。

	内容	学校理事会	学校理事会小委員会	学校理事個人	校長
財務	予算年度の初めに第一次予算案を承認すること（地方当局の方針に応じて、学校理事会の委員会に委譲することもできる）	○	○	×	×
	年次行動計画に合意し、特別予算の執行状況を確認すること（例：体育・スポーツ施設、読み書きの時間など）	○	○	△	△
	毎月の支出を確認すること	○	○	△	○
	課金と免除方針を確立すること	○	○	○	△
	契約を結ぶこと（学校理事会は財務的な制限に合意する必要がある）	○	○	△	○
教育課程	全児童生徒に全国共通教育課程が保証されること	○	○	○	○
	児童生徒のための教育課程上の免除規定を検討すること	△	△	○	○
	教育課程の自由度を高めるためにどの資源を使いながらどの教科を教えるべきかを決定すること（学校外での活動も含む）	○	○	○	△
	性教育等の教育方針を立て、評価すること（初等学校において教えるべきか否かの決定を含む）、子供を受けさせない権利を保障するために保護者に情報が提供されることを保証すること	△	△	○	○
	キャリア教育の戦略に関する法的なガイドラインによって示されたキャリア教育に関する明確な助言が提供されること	△	△	○	○
	法的な規定あるいは理事会の要求に基づく宗教教育を保障する責任	○	○	○	○
	すべての児童生徒に法的な規定に基づく集団行動を日常的に保証すること	×	×	○	○

○　法的権限として認められる項目
△　法的には認められているが、学校理事会協会としては推奨しない項目
×　法的権限として認められていない項目

表1　学校理事会と校長の役割分担

出典：National Governors Association, Maintained Governing Body Delegation Planner, 2015, pp.4-6 より作成

表1から、財務に関わる多くの法的権限は学校理事会が有しているが、教育課程という教育活動の専門的な部分については校長が多くの法的権限を持っていることがわかる。つまり、学校理事会は学校経営の中核となる戦略的機能というガバナンスの役割を担い、校長は学校の日常的な管理を通じて、学校理事会の戦略的優先事項を実現するマネジメントを実行することが期待されていると捉えることができる。

　このような学校理事会の役割を効果的に果たすための要素として、全国学校理事会協会（National Governance Association, NGA）では、次の8項目を重視している[5]。①よい統率、②専門的な事務、③正しい人材の配置、④役割と責任の理解、⑤忍耐強い対話、⑥学校に関する理解、⑦挑戦的な質問、⑧信頼に基づく関係性である。このような要素を学校理事会として持つことで校長とともに効果的な学校経営を行うことが期待されているのである。

（2）効果的な学校理事会のコンピテンシー

　学校理事会の構成は、保護者代表（2名以上）、教職員代表（校長＋教職員1名）、地方当局代表（1名）、連携メンバー（associate member）、共同選出（co-opted、全理事数の3分の1以内）という構成である[6]。

　保護者及び教職員は各母集団内の互選で選出される。選挙においては、特定の組織の意向を代表しないこと、多様な意見を尊重すること、意思決定においては学校及び児童生徒のニーズを最優先することを重視するように規定されている。連携メンバー及び共同選出理事とは、学校経営に関する専門的知見を有する者で、学校の状況やニーズに応じて専門的な助言を行う理事である。な

お、共同選出理事は、理事会での投票権等を持たない構成員である。

　すべての学校に学校理事会を設置することが原則であるが、実際は、学校理事会の欠員の問題や、質の問題が指摘されてきた[7]。そのため学校理事会の機能を高めることを目的に、効果的なガバナンスを行うためのコンピテンシーモデルが策定されている[8]。

　コンピテンシーモデルは、①戦略的リーダーシップ（ビジョン、精神、戦略を設定し、擁護すること）、②アカウンタビリティ（教育水準と財政状況を管理すること）、③人事（正しい資質能力等に基づく効果的なチーム作り）、④構造（役割と責任の明確化）、⑤コンプライアンス（法的事項）、⑥評価（ガバナンスの質と効果の管理と改善）の6項目で構成されている。そしてその下に16個のコンピテンシーが規定され、コンピテンシーごとに学校理事会、理事長の身につけるべき資質能力とスキルが規定されている。

　このほかにも、行動規範（Code of Conduct）や、公的業務に従事する者に義務づけられている行動指針「The Seven Principles of Public Life（Lord Nolan）」の遵守も求められている。そして、学校理事会は、規範性と客観性、誠実さをもって、学校の最善の利益のために行動しなければならず、利益相反を避けることが求められている。

（3）研修と支援機関に支えられる学校理事会

　イギリスでは、第三者評価機関であるOfstedによる学校監査が定期的に行われ、その結果が悪い場合には学校閉鎖や学校理事会の改組などの措置が取られることから、学校理事会が効果的なガバナンスを行うことが重要である。

　そのため、期待されているコンピテンシーを修得するための学

校理事会への研修が整備されている。例えば、イギリス西北部にあるランカシャーでは、コンピテンシーモデルに基づいた研修プログラムが提供されている[※9]。同自治体のプログラムは、効果的なガバナンス、戦略的リーダーシップ、アカウンタビリティ、人事、コンプライアンス、評価の6項目で構成されている。提供方法も、自治体が提供するもの、学校の状況やニーズに応じてカスタマイズされたプログラムを学校内で提供するもの、eラーニングで提供するもの（NGAが提供するNGA Learning Linkというサービスを利用）がある。新人理事向けのものから理事経験者向けのものまで多様である。

　自治体のほかに、学校理事会の機能強化や学校理事の人財育成に重要な役割を果たしている全国的な組織としてNGAがある。NGAは多様な研修プログラムを提供するだけでなく、メンバーシップを持つ学校理事会へのコンサルティング、メンタリング、助言など多様な支援活動を提供している[※10]。

（4）合わせ鏡としてのイギリスの学校理事会

　イギリスの学校理事会の理事は無報酬のボランティアでありながらも、学校の最高意思決定機関であり、学校の戦略的なガバナンスの責任者としての専門性が求められている。そして校長には、学校理事会が定める戦略的な方向性を日々の教育活動のなかで実現していくマネジメントの責任者としての専門性が求められている。

　このようなイギリスの学校理事会と校長による学校経営の仕組みができあがるまでにはさまざまな課題を乗り越え、試行錯誤し、制度改正をしてきた経緯がある[※11]。コミュニティ・スクールの制度が普及してきた日本においては、学校運営協議会と校長が効果的な学校経営を行っていく上でどのような関係性を構築してい

くのか、そしてそこでは誰が、何について、どのような権限と役割をもって、どのようにそれを実行していくのかということを考えていくことが今後重要となってくる。その意味で、イギリスの学校理事会と日本の学校運営協議会との違いや特徴の対比は有意義であろう。

（植田みどり）

《注》
※1　本稿で言うイギリスとはイングランドを指す。なお、イギリスの公立及び公営学校には多様な形態があるため、本稿では、公費で学校運営費が賄われ、施設設備の所有、管理の権限を地方自治体が有している公立学校についてのみ記述する。
※2　金子郁容、渋谷恭子、鈴木寛『コミュニティ・スクール構想：学校を変革するために』岩波書店、2000年
※3　学校理事会の機能等については、DfE, Governance handbook, October 2020、DfE, Maintained School Governance: Structures and Role Description, October 2020に記載
※4　NGAがMaintained Governing Body Delegation Planner（2015）を提供して、各学校において役割分担を明確にできるように支援している。
※5　NGA, What governing boards and headteachers should expect from each other, update 2022
※6　学校理事会の構成等については、DfE, The constitution of governing bodies of maintained schools, August 2017に記載
※7　House of Commons, The Role of School Governing Body, 2013、Ofsted, Improving School Governance, 2016などにおいて欠員や質の問題、理事の定着等の問題が指摘された。
※8　DfE, A Competency Framework for Governance, January 2017
※9　Lancashire County Council, Lancashire Governor Services Training and Development Programme 2022＞2023 for Governors and Governing Boards/ Trusts
※10　https://www.nga.org.uk/Home.aspx（最終アクセス、2023年4月7日確認）
※11　窪田眞二『父母の教育権研究：イギリスの父母の学校選択と学校参加』亜紀書房、1993年に、1990年代までの父母の教育権の保障と学校理事会の制度整備の歴史的経緯が紹介されている。

スウェーデンとイタリアの事例

　世界にはさまざまなコミュニティ・スクールがある。ここでは、スウェーデンとイタリアの事例を紹介したい。どちらも、学校を民主的な社会を実現するための重要な場と位置づける実践である。

（1）スウェーデン：「しんどい地域」のコミュニティ・スクール

　スウェーデン第二の都市、ヨテボリ市の郊外にあるベリショーン地区は 1960 年代の大規模開発で生まれた「ニュータウン」だ。8 階建ての集合住宅が並ぶこの団地は、全国に知られた評判の悪い地域で、犯罪が多発し、不動産価格も低迷し、悪循環から抜け出せない状態が長く続いてきた。この状況を何とかしようと、これまでにもさまざまな投資が行われてきた。大規模改修で付加価値を上げようとしたり、路面電車や路線バスを増やして交通の便を改善したりしてきた。しかし、警察が「最も危険な地域」と名指しするほど、治安は悪化していった。

　2012 年に、不動産会社や建設会社、ヨテボリ市などが共同して「ベリショーン 2021」が開始された。このプロジェクトは、それまで行われてきたハード・インフラへの投資だけではなく、近隣住民やこの地域で活動するスポーツ団体や企業などと手を取り合って再開発に取り組んだのが特徴的だった。10 年間の事業の成果は目覚ましいものだった。最後の 3 年間だけでも、新しい住宅が 300 軒以上建ち、まちが新鮮な空気と活気にあふれるようになった。この成功を受けて、2022 年からは後継プロジェクトである「ベリショーン 2031」が始まった。

　「ベリショーン 2031」は、子ども・若者と子育て世代に焦点を

当てている。市が地域の若者と一緒に湖畔のビーチを整備したり、新しい公園をつくったりする。さらに、地元のプロサッカーチームの協力を得て、学校に人工芝のサッカー場を整備する計画もある。住民参加による再開発で、将来的に1,100軒の住宅増加を見込み、新たに教育施設などもできる。

　「ベリショーン2031」では、コミュニティ・スクール事業が計画の核である点が注目されている。事業は「町の真ん中の学校（Skolan mitt i byn）」と名づけられ、ベリショーン基礎学校（日本の小中学校に相当）など2校が取り組む。スウェーデンの学校では通常、授業が終わったら教室は空っぽになる。しかし、「町の真ん中の学校」は違う。家庭科室では子どもたちが調理し、教室や体育館ではさまざまなアクティビティが用意されている。子どもたちは活動に参加したり、教室や廊下で宿題に取り組んだり、校庭で運動したりして自由に過ごす。移民が多い地域性を活かして、国連デーには文化の多様性を祝うお祭りを開くなど、子どもたちが中心となってイベントを企画したりもする。

　この学校の子どもたちにとっては、家庭や地域が安全な場所とは言えない。それゆえ、放課後も学校施設を解放することで、子どもたちに安全で安心できる環境を提供している。また、小さい頃に多様な経験をしている子どもの方が学力も高いという研究を参考に、単に暇つぶしをするのではなく、指導員が子どもたちの好奇心を刺激する有意義な活動を提供しようとしている。学力向上は子どもたちの将来の成功に必要なだけでなく、より公平な社会をつくるという意味でも重要だと考えられている。

　これらの活動は市が運営し、地元のスポーツクラブやカルチャースクール、図書館などが協力している。また、大学生のボランティアたちが日常的に手伝いに来ている。彼らはロールモデルとして重要な役割を果たしている。というのも、麻薬や暴力、

組織犯罪や不法滞在が日常のこの地域では、家庭にそのようなモデルがいない場合も多いためだ。

「町の真ん中の学校」は評判を呼び、翌年度には近隣の学校5校に広がり、「Lights On（明かりをつけよう）」という新しいプロジェクトが立ち上がった。朝7時から夜7時まで、学校に明かりを灯し続けよう、そして、この地域を明るく照らそう、という希望を込めたネーミングだ。ヨテボリ市は「Lights On」への投資を通じて、学校にさまざまな大人が出入りする環境を用意し、そこに住む人たちがつながりをつくることで、学校を地域の人々が集うアリーナとして機能させようと考えている。地域の社会的なネットワークが強化されれば、住民が地域の意思決定に参加するようになり、ひいては地域がより安全になると期待されている。

（2）イタリア：レッジョ・エミリアの保育所・幼児学校

レッジョ・エミリア市は幼児教育で知られ、世界中の教育関係者が視察や研修に訪れている。国際セミナーの時期になると市内のホテルは満室になり、まちが研修参加者でにぎわう。エデュ・ツーリズムが一大産業になっているのだ。

レッジョ・エミリア・アプローチを理解するのは難しい。というのも、このアプローチは哲学や思想の類であって、その中心はメソッドではないからだ。子どもたちは誰しも素晴らしい能力と可能性を持ち、自分を表現する言葉を持つ有能な市民だという考えに立脚している。保育所・幼児学校ではペダゴジスタ（教育の専門家）とアトリエリスタ（芸術の専門家）が一緒になって活動していて、アートが重要な要素になっている。子どもたちはプロジェクト活動に取り組み、広場や公園に出かけ、地元の市民や自然と出会う。まち全体が学び場になっている。

保護者の関わりも重視されている。国際セミナーでの説明によると、保護者会は夕方や夜遅い時間に開かれるという。そこでは、教員からの説明や報告といった形式的な内容ではなく、子どもたちの学びのプロセスについて、丁寧なドキュメンテーションを材料に話し合いをする。クラスの保護者を集めることもあれば、同じグループで一緒にプロジェクトに取り組んでいる子の保護者を集めて活動の内容を共有することもある。対話を通して、保護者も一緒に教育実践をつくっていると感じるようになるという。ある保護者は「入園当初は自分の子どもが気になるものだけど、そのうちに子どもがグループの一員だと気づくようになった」と言う。保護者の関わりを上手に引き出すのはペダゴジスタの力量だ。ある保護者は、ある日、いつものように保護者会に出かけようとすると、子どもが「どうしてお母さんが幼児学校に行くの?」と尋ねたという。母親はこれに「あなたの幼児学校は私の学校でもあるのよ。実はみんなの学校なのよ」と答えたという。

　地元企業も支援をしている。REMIDA（レミダ）というリサイクルセンターでは、近隣の企業や商店など約200社が加盟し、製造や梱包の過程で出た端材を持ち寄って子どもたちの工作に使えるようにストックしている。年に20トンにものぼる端材は、紙や木材、プラスティック、ゴム、生地や毛糸、金属、陶器やガラス片などさまざまだ。企業にとっては廃棄すべきものだが、子どもにとっては魅力的な素材に生まれ変わる。地元企業はなるべくきれいな廃材を選んでREMIDAに無料で引き取ってもらう。

　REMIDAではこの廃材を丁寧に分類し、素材のもつ美しさや可能性を引き出すように工夫して並べる。こうしてそろえられた素材は、約400の学校などに提供されている。教員は6,000円程度の年会費で会員になり、素材を必要な分だけもらうことができる。企業にとっては環境に配慮しているというアピールだけ

でなく、従業員の子どもたちが工作に使う場面を身近に見られることから、少ない負担で効果的な地域貢献になっている。また、教員にとっては、まとまった材料が手に入り、工作のために牛乳パックを家庭から集める手間がなくなるだけではなく、REMIDAのワークショップを通じて素材の活用アイデアも学べる。REMIDAには多くの市民がボランティアで働いている。地域の善意がめぐって子どもたちの教育に集約される仕組みになっている。

　こうした地域ぐるみの教育は、毎年5月に開かれる「レッジョナラ」（Reggionarra）で一段の盛り上がりを見せる。物語と対話をテーマにしたこのイベントは、人は誰しも、日々の小さな出来事を特別な人生経験に変える才能を持っているという信念に基づいている。子どもたちが取り組んだ作品がまちのアーケードや小道、学校や図書館に展示され、広場にはプロの劇団による舞台やアーティストによるパフォーマンス、保護者らによる読み聞かせのスペースができる。大人も子どもも、人生や言葉と向き合い、空想や文化の魅力を再発見する。聞くことや語ることの楽しさに出会う特別な一週間は、コミュニティを「物語のまち」に変える。

　レッジョ・エミリア市はレジスタンス運動が激しかった地域で、戦後、民主的で平和な社会づくりを目指して公立の保育所と幼児学校を創設した。レッジョ・エミリア・アプローチはこうした歴史を反映して、さまざまな社会運動と共鳴して形作られてきた。子どもを市民として捉え、その表現を尊重し、民主的なコミュニティの一員として迎えようとしている。

（林寛平）

《文献注》

1．Bergsjön 2031 (n. d.) Bergsjön 2031, https://www.mynewsdesk.com/se/
bergsjoen-2021（2023年 3 月27日確認）.
2．Göteborgs Stad (n. d.) Skolan mitt i byn – Bergsjön, https://goteborg.se/
wps/portal/enhetssida/skolan-mitt-i-byn-bergsjon（2023年 3 月27日確認）.
3．Reggio Children (n. d.) Reggio Children -Home, https://www.reggiochildren.
it（2023年 3 月27日確認）.
4．Reggio Children (2022) International Study Group, The Reggio Emilia
Approach to Education. Reggio Emilia, November 14-18, 2022.
5．Reggionarra (n. d.) Reggionarra, https://www.reggionarra.it（2023年 3 月27
日確認）.
6．REMIDA (n. d.) Remida, the creative recycling centre – Remida, http://
www.remida.org（2023年 3 月27日確認）.

まちの未来をつくるコミュニティ・スクール

竹原和泉

「子どもの未来」のために、一人ひとりの子どもが幸せな人生を歩んでいけるよう、社会総がかりで子どもを育むコミュニティ・スクールがある。そして、子どもたちは20年後の社会の担い手であり、コミュニティ・スクールで次世代育成を図り、子どもを核に地域がつながり「まちの未来」をつくる。

近年学校は誰もが経験したことのない課題に直面、目の前の子どものために歩みを止めることなく最善策を見つけ、教職員だけでなく保護者も地域もそれぞれの立場で役割を果たせるかが問われている。

学校は判断に迷うこと、〇か×かではない問題に直面することも多いが、「学校運営協議会で検討した結果です」と、校長の判断の後ろ盾となったり、見直しやスクラップができるのも学校運営協議会での率直な話し合いと理解があれば可能である。そのためには学校運営協議会をセレモニーにせず、熟議を重ねベクトルを合わせ、いざというとき即決できる信頼関係が最も大事である。単に看板を掲げただけではない、持続可能な真のコミュニティ・スクールの姿を目指したい。

子どもにとって、コミュニティ・スクールは育ちと学びのセーフティネットである。「誰もとり残さない」という言葉を単にスローガンとせず、いじめ、貧困、虐待等の社会課題やGIGAス

クール推進等を、学校だけで担い、解決・推進するのではなく、「チーム学校」として子どもを育む。6歳以降の子どもの様子を把握している一つが学校であり、困難を抱え困っている子どもたちに気づき、関係機関や地域のネットワークにつなぐことも、ITプロフェッショナルとともに授業をつくることもできる。子どもが安心して日々を過ごせるよう、未来をつくる子どもたちに必要な学びができるよう、コミュニティ・スクールを基盤とした連携・協働が不可欠であり、大人の本気が問われている。

さらに、学校運営協議会でベクトルを合わせ、地域学校協働活動につなげることで、「子どもの豊かな体験と学び」が可能になる。それぞれの地域には歴史、文化、産業、人、活動等まちの宝があり、ホンモノにふれることができ、わくわくする体験や先生でも家族でもないさまざまな人との出会いがある。楽しかった、もっとやってみたい、調べてみよう、と子どもの心に火をつけ、「学びに向かう力」が湧いてくるのも、地域との出会いと学びがあるからこそ。特に経済的格差による体験格差が問題になるなか、学校と地域でつくる体験と学びの果たす役割は大きく、教科書での学びをより確かなものにする。

学校運営協議会において「どんな学校にしたいか」「校則の見直し」「スマホの使い方」等大人だけで議論し指針を示すのではなく、ときには子どもたちが学校運営協議会に参加することが有効で、各地で子どもが参画し熟議が行われている。

また地域の方から話を聞いたり、地域に出て活動することで、今まで気づかなかったまちの魅力を発見したり、子どもの視点から社会的課題に取り組むことができる。「まちづくりは大人がするものだと思っていたけど、自分たちもできると思うとわく

わくする」という子どもの言葉からも、まちがさまざまな
人の営みによって成り立っていることを実感する子どもた
ちの様子がわかる。「地域で体験的に学んだ子どもたちは、
地域を愛するようになる。地域の活動に熱心に取り組む層
には共通して 15 歳までの地域活動の分厚い体験がある[※1]」
とも言われている。当事者意識の高まり、市民性の醸成は
このような地域との出会いによって育まれ、まちの未来に
つながる。

《注》
※1　東京大学牧野研究室と飯田市公民館との2014－15年度共同研
　　究

第6部

新しい（学校）教育の扉の鍵は
コミュニティ・スクール

ポイントは、学校を「核」に皆がつながることで一人
ひとりが豊かで幸せな社会を実現できるということ。
時代は、コミュニティ・スクールからスクール・コ
ミュニティへ。

「子どもの問題は、大人の問題」
誰もが課題解決に参画しなければ、
一人ひとりが豊かで幸せな社会は実現できない

　ここまでコミュニティ・スクールの具体的なつくり方や仕組みについて述べてきたが、忘れてはならないことは、コミュニティ・スクールは一人ひとりが豊かで幸せな社会を実現するためのツール（手段・道具）であるということである。学校運営協議会を単にすべての学校に設置することが目的ではなく、個人や社会のウェルビーイングを実現するためにコミュニティ・スクールがある。

　以前は、校長を中心とする教職員集団が教育委員会の指導・監督のもとに教育活動を推進していたが、コミュニティ・スクールの導入により、保護者・地域住民を巻き込んで、地域ぐるみで子どもたちを育むために力を尽くすことになる。保護者・地域住民からなる学校運営協議会は学校側とイコール・パートナーとして、また、教育の「当事者」として、熟議を大切にしながら活動を展開・推進している。したがって、教職員と保護者・地域住民の関係も、従前と比べ大きな転換点を迎えている。すなわち、教育サービスの提供者とその消費者というような関係ではなく、教職員や保護者・地域住民は子どもを「真ん中」に、学校の諸課題に熟議を通し、それぞれの立場で課題解決のための行動を起こすことが求められている。

　それと同時に、コミュニティ・スクールは学校や子どもに関する課題だけにとどまらず、地域の課題にも取り組んでいくこととなる。これは、学校運営協議会と地域学校協働本部が一体的に推進されていることからもわかる。今、三鷹市ではコミュニティ・スクールから発展して、学校を核とした共同体である「スクール・

コミュニティ」の実現に挑戦している。これまで学校は地域の方々の力をお借りし、応援してもらう立場にいたが、これからは学校が社会貢献をしていく時代にあり、それは学校を社会に開くということでもある。具体的には、「学校3部制」によって学校を地域に活用してもらうことを構想している。これまでの学校教育機能を中心とする場から、福祉的機能、防災的機能、生涯学習的機能など、多様な機能を付与していくことで、社会に開かれた学校にするという構想であり、この挑戦は、最終的にはウェルビーイングの理念にもつながってくる。

　一つの学校がコミュニティ・スクールになるということは、学校を核として、さまざまな多くの「何か役に立ちたい」と思う市民や関係機関等とさらなる「つながり」を広げていくことになる。「子どもの問題は、大人の問題である」というが、学校の課題を関係者が皆で熟議し、解決を図る試みの積み重ねが、一見子どもの問題のように見えて、実は大人社会の問題、自分たちの住む地域社会の問題でもあるのだと気づくことになる。この気づきが大人の学びの場に連続することとなり、必然的に皆で自分たちの住む地域をよくしていこう、それぞれの家庭で何かできることはないのか、行政だけに解決を求めるのでなく自分たちで何かできることはないのか、ということに発展する。この関わりのなかで、私たちは人間的な成長の果実を得ることができるのである。

　公助は大切であり、公助にしかできないこともある。しかし、問題によっては、自助や共助・互助も大切なのではないかという意識が関係者のなかに醸成されるのは、多くのコミュニティ・スクールのある地域に見られる成果でもある。2000（平成12）年、教育改革国民会議において、「地域が学校運営に参画する新しいタイプの公立学校の設置」を提言した金子郁容氏は、いみじくも「いい地域には、いい学校がある。いい学校はいい地域をつくっ

ていく」と語っている。多様な人たちが豊かで幸せな人生を送る
ことができる社会で、活躍し、その社会を支え、社会をつくって
いく人財を育成し、伴走していくことが学校の役割である。諸課
題を誰かが解決してくれることを待つのではなく、子どもも教職
員も地域の人も、自立・自律の心を持って、当事者として参画し
ていくことが求められる。

まずは教育委員会から変わろう
ほんまもんのコミュニティ・スクール実現には
行政の連携が必要

　そのためには、学校ならびに学校運営協議会の設置者である教
育委員会も変わらないといけない。まずは教育長及び教育委員会
が何のためにコミュニティ・スクールを行うのか、またこのツー
ルをどのように活用していくのか考え抜き、ビジョンを明確にす
る必要がある。この点が曖昧なまま行われると、場合によっては
教職員か地域住民の負担だけになってしまう。学校運営協議会に
しても、学校等の課題に正対してどのように解決するか、「問題
解決型学習」ではないが、当事者として参加する会であれば充実
した実りある活動となるが、それがなければ徒労に終わってしま
うだろう。義務感だけでは決して継続しない。
　コミュニティ・スクールが「学校運営協議会」と「地域学校協
働本部」が一体的推進で取り組まれるのと同様に、明確なビジョ
ンのもと、教育委員会も「学校教育分野」と「社会教育分野」が
行政の縦割りとならず、協働して取り組むことが大切である。
2017（平成29）年に社会教育法が改正され、地域学校協働活動
の推進により、問題解決の足腰として地域学校協働本部が全国的

に整備され、具体的な活動への参画が進められている。この一体的推進によって、学校づくりだけでなく、地域づくりにつながっているのだ。コミュニティ・スクールからスクール・コミュニティにどのように発展させるか、そして、スクール・コミュニティによって個人や社会の、ウェルビーイングをいかに実現するか。

　教育長にはそのような長期的な視点からビジョンと方策（戦略）を持っていただきたいと考えている。得てして「学校教育」と「社会教育」どちらかに偏ったものとなり、教育委員会でも一方の課が担当するようなかたちになってしまいがちだが、これでは、狭い意味でのコミュニティ・スクールしか実現せず、矮小化されてしまう。教育長の采配によって、二分野が連携できる仕組みをつくることなどが大切になってくる。

　さらに、地域づくりを意識すれば、さまざまな活動が学校だけにとどまらないのと同様に、教育委員会だけですべての課題を解決することはできない。福祉や保健、子育て支援、そして首長部局も一丸となって取り組む必要がある。

　地域がよくなれば、学校もよくなり、子どももよくなる。まさに「いい地域はいい学校をつくり、いい学校はいい地域をつくる」のだ。コミュニティ・スクールは決して学校だけの取組ではない。

　①学校運営協議会制度＝狭義のコミュニティ・スクール
　②学校運営協議会＋地域学校協働本部
　　＝広義のコミュニティ・スクール
　　＝スクール・コミュニティ

　ぜひ、上記の①の方程式から②の方程式へと全国の学校・地域が発展していってほしいと思う。

VUCAの時代だからこそ必要な仕組み
ウェルビーイングの実現のために

　2020（令和２）年２月に新型コロナウイルス感染症対策のため、学校が一斉臨時休業となったことはまだ記憶に新しい。この間、国のGIGAスクール構想が前倒しで実施され、子どもたちの「学びを止めない」取組が進められたが、三鷹市では、学校運営協議会の委員の方々がやはりリモートでつながり続け「活動を止めない」取組が行われた。一つのチームとして歩んできた経験とコミュニティ・スクールの仕組みがあることが、緊急事態においても強みになったといえる。物理的に学校に集まって協議はできなくても、委員たちは学校の状況を把握することができた。普段、三鷹市ではコミュニティ・スクール委員会として月に１〜２回程度会議が持たれ、教育委員会の担当者は手分けをしてそれぞれの会議に出席し、双方の情報交換等を行ってきている。これが、コロナ禍のリモート会議中でも行われ、委員同士及び学校の情報だけでなく、教育委員会の状況を発信・把握することにもつながった。普段の活動の土台があったからこそ実現できたことであり、「つながり」の重要性を再認識する機会となった。

　今、我が国は、少子・高齢化をはじめ、生成AIに代表されるデジタルやIT化の急速な進展、気候変動、災害の発生やパンデミックなどさまざまな課題に直面している。先の見えない激変する社会、「VUCA（Volatility・Uncertainty・Complexity・Ambiguity、ブーカ）」の時代に生きる子どもたちには、自分を見失わず、自分の人生を切り拓き、一人ひとりが豊かで幸せな社会をつくっていける力を身につけてほしいと切に願う。「自分さえよければ」「自分だけが」というような考えに完結するのでは

なく、「ぬくもりのあるつながるまちづくり」を担う人となってほしい。しかしながら、そのような子どもたちを学校（教職員）だけで育むことは難しい。教員の専門性と学校教育以外の多様な分野の知見や価値観を取り入れた学びを提供することが大切であり、だからこそ持続可能な仕組みとしてコミュニティ・スクールが有用なのである。社会全体で子どもを育てることで、自分自身も成長する仕組みであるコミュニティ・スクールは、新しい学校教育実現のための「鍵」となりうるものであり、この活用こそが、常に変化する個人と社会のウェルビーイングの実現につながっていくと確信している。

（貝ノ瀬滋）

第 7 部

コミュニティ・スクール
資料編

説明用に使えるコミュニティ・スクール設置の学校数
や自治体数などその変遷をデータで示すとともに、設
置申請時等に使える必要書類のサンプルを例示。

1 数字でみるコミュニティ・スクール
（文部科学省資料より）

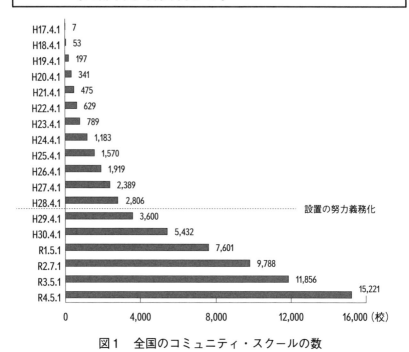

図1　全国のコミュニティ・スクールの数

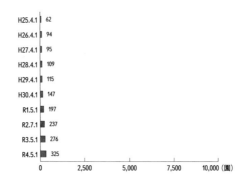

図2　コミュニティ・スクールの学校種別導入状況（幼稚園）

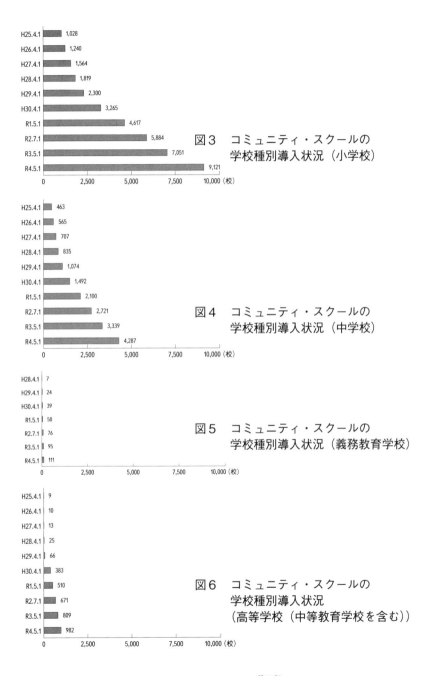

図3　コミュニティ・スクールの
　　　学校種別導入状況（小学校）

図4　コミュニティ・スクールの
　　　学校種別導入状況（中学校）

図5　コミュニティ・スクールの
　　　学校種別導入状況（義務教育学校）

図6　コミュニティ・スクールの
　　　学校種別導入状況
　　　（高等学校（中等教育学校を含む））

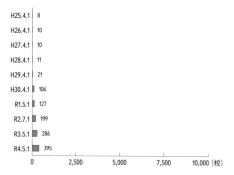

図7　コミュニティ・スクールの学校種別導入状況（特別支援学校）

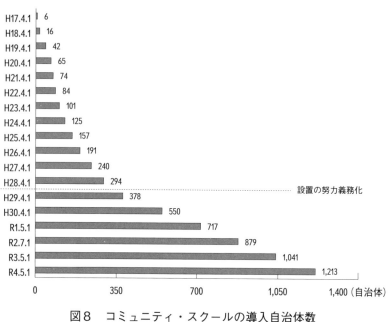

図8　コミュニティ・スクールの導入自治体数

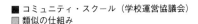

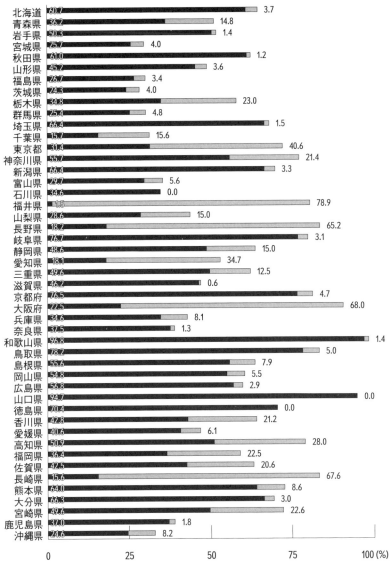

図9 コミュニティ・スクール（学校運営協議会）または類似の
仕組みを導入する公立学校の割合（都道府県別、全学校種）

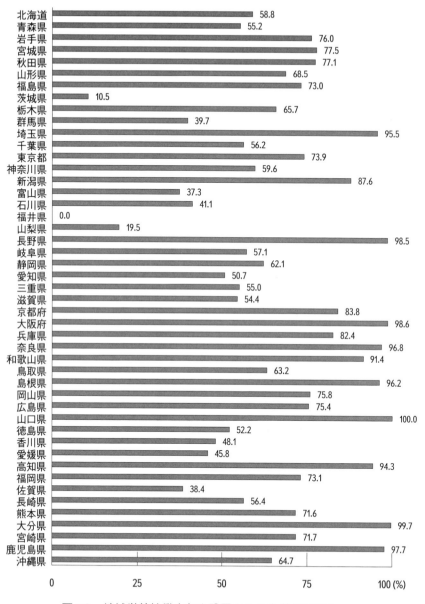

都道府県	割合
北海道	58.8
青森県	55.2
岩手県	76.0
宮城県	77.5
秋田県	77.1
山形県	68.5
福島県	73.0
茨城県	10.5
栃木県	65.7
群馬県	39.7
埼玉県	95.5
千葉県	56.2
東京都	73.9
神奈川県	59.6
新潟県	87.6
富山県	37.3
石川県	41.1
福井県	0.0
山梨県	19.5
長野県	98.5
岐阜県	57.1
静岡県	62.1
愛知県	50.7
三重県	55.0
滋賀県	54.4
京都府	83.8
大阪府	98.6
兵庫県	82.4
奈良県	96.8
和歌山県	91.4
鳥取県	63.2
島根県	96.2
岡山県	75.8
広島県	75.4
山口県	100.0
徳島県	52.2
香川県	48.1
愛媛県	45.8
高知県	94.3
福岡県	73.1
佐賀県	38.4
長崎県	56.4
熊本県	71.6
大分県	99.7
宮崎県	71.7
鹿児島県	97.7
沖縄県	64.7

図10　地域学校協働本部を設置する公立学校の割合
（都道府県別、小・中・義務教育学校）

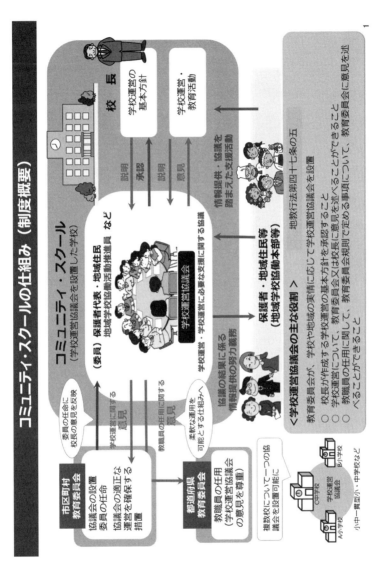

図11 文部科学省 コミュニティ・スクールの在り方等に関する検討会議
「コミュニティ・スクールの在り方等に関する検討会議 最終まとめ
〜学校と地域が協働する新しい時代の学びの日常に向けた対話と信
頼に基づく学校運営の実現に向けて〜」参考資料（スライド1）

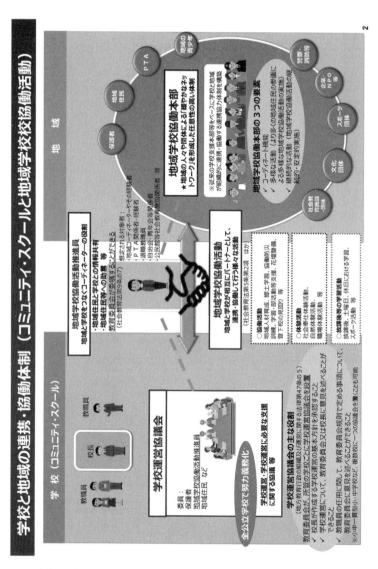

図 12　文部科学省　コミュニティ・スクールの在り方等に関する検討会議
　　　「コミュニティ・スクールの在り方等に関する検討会議　最終まとめ
　　　～学校と地域が協働する新しい時代の学びの日常に向けた対話と信
　　　頼に基づく学校運営の実現に向けて～」参考資料（スライド２）

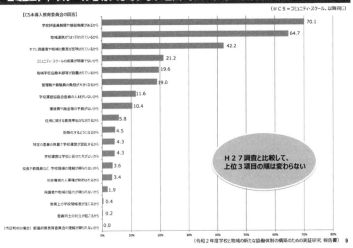

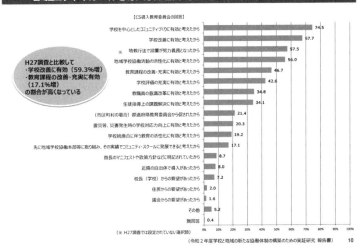

図13　文部科学省　コミュニティ・スクールの在り方等に関する検討会議
　　　「コミュニティ・スクールの在り方等に関する検討会議　最終まとめ
　　　〜学校と地域が協働する新しい時代の学びの日常に向けた対話と信
　　　頼に基づく学校運営の実現に向けて〜」参考資料（スライド9、10）

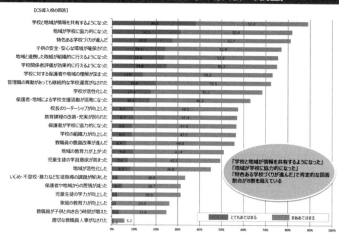

(令和2年度学校と地域の新たな協働体制の構築のための実証研究 報告書) 11

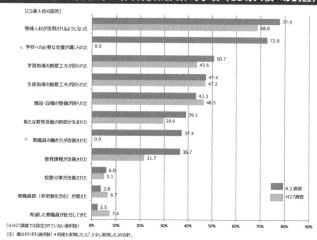

(令和2年度学校と地域の新たな協働体制の構築のための実証研究 報告書) 12

図14　文部科学省　コミュニティ・スクールの在り方等に関する検討会議
「コミュニティ・スクールの在り方等に関する検討会議　最終まとめ
〜学校と地域が協働する新しい時代の学びの日常に向けた対話と信
頼に基づく学校運営の実現に向けて〜」参考資料（スライド11、12）

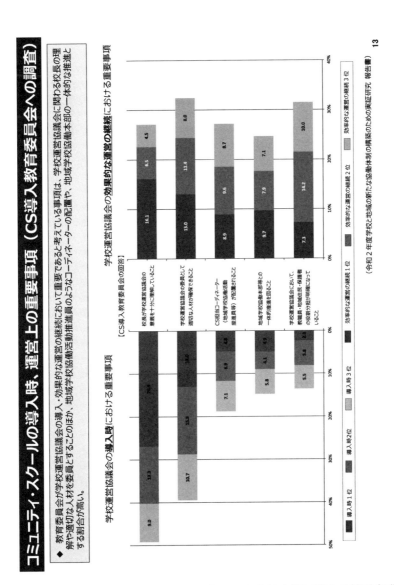

図15　文部科学省　コミュニティ・スクールの在り方等に関する検討会議
　　　「コミュニティ・スクールの在り方等に関する検討会議　最終まとめ
　　　〜学校と地域が協働する新しい時代の学びの日常に向けた対話と信
　　　頼に基づく学校運営の実現に向けて〜」参考資料（スライド13）

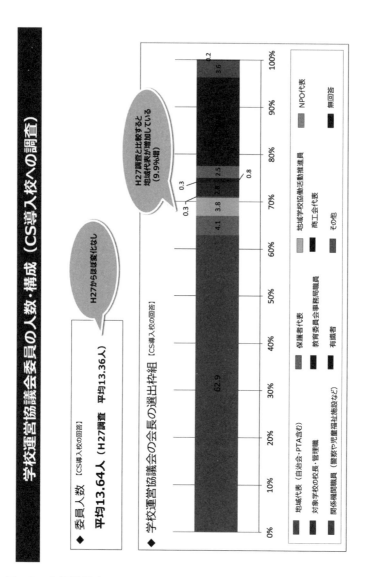

図16　文部科学省　コミュニティ・スクールの在り方等に関する検討会議
　　　「コミュニティ・スクールの在り方等に関する検討会議　最終まとめ
　　　～学校と地域が協働する新しい時代の学びの日常に向けた対話と信
　　　頼に基づく学校運営の実現に向けて～」参考資料（スライド14）

コミュニティ・スクールのための書類サンプル

文　書　番　号
文　書　日　付

○○市立○○学校長　　様

○○市教育委員会
役職　　氏　　名

令和○・○年度学校運営協議会委員の推薦について（依頼）

　標記の件について、○○規則第○条第○項の規定により、下記のとおり委員の推薦をお願いします。

記

1　提出書類
　(1)　推薦鑑文（別紙1）
　(2)　推薦委員名簿（別紙2）
　(3)　承諾書（自署）

2　提出期日
　　令和○年○月○○日（○）
　　※提出方法、提出先等について記載

3　その他
　【例】
　(1)　「任命状」は、第1回目の学校運営協議会で交付します。
　(2)　新任候補者研修を別紙案内文のとおり開催しますので、候補の皆様
　　　にご案内をお願いいたします。

図17　校長宛て学校運営協議会委員推薦依頼書（例）

別紙1

文　書　番　号
文　書　日　付

〇〇市教育委員会　御中

〇〇市立〇〇〇学校
校長　　　氏　　　名

令和〇・〇年度学校運営協議会委員の推薦について

標記の件について、〇〇規則第〇条〇項の規定により、別紙のとおり推薦いたしますので、よろしくお取り計らいください。

図18　教育委員会宛て学校運営協議会委員推薦鑑文（例）

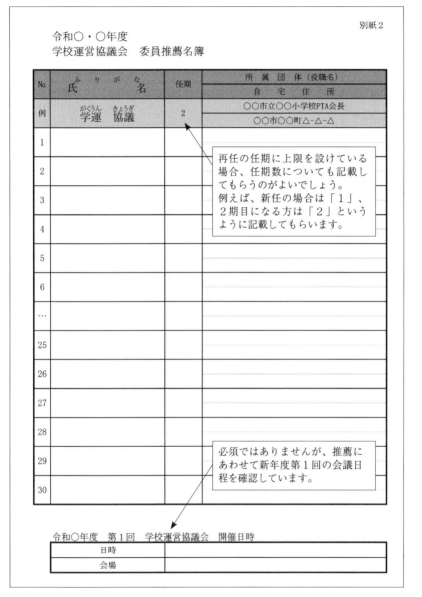

別紙2

令和○・○年度
学校運営協議会　委員推薦名簿

No.	氏　　　名	任期	所 属 団 体（役職名） 自 宅 住 所
例	学運　協議	2	○○市立○○小学校PTA会長 ○○市○○町△-△-△
1			
2			再任の任期に上限を設けている場合、任期数についても記載してもらうのがよいでしょう。 例えば、新任の場合は「1」、2期目になる方は「2」というように記載してもらいます。
3			
4			
5			
6			
...			
25			
26			
27			
28			
29			必須ではありませんが、推薦にあわせて新年度第1回の会議日程を確認しています。
30			

令和○年度　第1回　学校運営協議会　開催日時

日時	
会場	

図19　学校運営協議会委員推薦名簿（例）

承　諾　書

○○市教育委員会教育長　宛

私は、○○学校学校運営協議会委員に就任することを承諾します。

令和　　年　月　　日

1　任　期　　令和○年4月1日から令和○年3月31日まで

<small>ふりがな</small>
2　氏　名　　　　　　　　　　　　　　　㊞

3　住　所

4　電話番号

5　生年月日　　昭和・平成　　年　　　月　　　日生

図20　学校運営協議会委員承諾書（例）

○○　○○　　　　　　　　様
○○○学校学校運営協議会委員に任命します
任期は令和○年３月３１日までとします
令和○年４月１日
○○市教育委員会教育長　○○　○○

図21　学校運営協議会委員任命状（例）

学校運営協議会規則のサンプル

学校運営協議会規則制定の参考として、文部科学省の示す規則例と三鷹市の規則を対象表形式でまとめた。なお、下線は筆者による。

地教行法：地方教育行政の組織及び運営に関する法律（昭和31年法律第162号）
条文解説：文部科学省「『地方教育行政の組織及び運営に関する法律』（第47条の５）条文解説」（https://www.mext.go.jp/a_menu/shotou/community/suishin/detail/1313081.htm）

○学校運営協議会規則の例（文部科学省「『学校運営協議会』設置の手引き（令和元年改訂版）」）	○三鷹市小・中一貫教育校におけるコミュニティ・スクール委員会に関する規則（平成18年３月６日教委規則第２号）（抜粋）※「学校運営協議会規則の例」との対応関係をわかりやすくするために、順序を入替え。
（目的） 第１条　この規則は<u>地方教育行政の組織及び運営に関する法律（昭和31年法律第162号）第47条の５に規定する学校運営協議会</u>（以下「協議会」という。）について、必要な事項を定める。 （趣旨） 第２条　協議会は、学校運営及び当該運営への必要な支援に関して協議する機関として、○○市教育委員会（以下「教育委員会」という。）及び校長（園長を含む。以下同じ。）の権限と責任の下、保護者及び地域住民等の学校運営への参画や、保護者及び地域住民等による学校運営への支援・協力を促進することにより、学校と保護者及び地域住民等との間の信頼関係を深め、学校運営の改善や児童生徒の健全育成に取り組むものとする。	（目的及び設置） 第1条　三鷹市教育委員会（以下「教育委員会」という。）は、保護者及び地域の住民等（以下「地域住民等」という。）がその地域の三鷹市公立学校の運営に積極的に参画することにより、地域住民等の意向を学校の運営に的確に反映し一層地域に開かれた信頼される学校づくりを実現するとともに、学校と地域住民等が連携協力し、学校を核としたコミュニティづくりを進めるため、小・中一貫教育校（三鷹市公立学校の管理運営に関する規則（昭和37年三鷹市教育委員会規則第４号）第29条に規定する小・中一貫教育校をいい、以下「学園」という。）ごとに、当該学園の運営及び当該運営への必要な支援に関して協議する機関として、コミュニティ・スクール委員会を置く。 三鷹市では中学校区（中学校１校＋小学校２または３校）ごとに「学園」を構成し、学園に１つの学校運営協議会（コミュニティ・スクール委員会）を設置している。

参考
地教行法第47条の5第1項
　「教育委員会は、教育委員会規則で定めるところにより、その所管に属する学校ごとに、当該学校の運営及び当該運営への必要な支援に関して協議する機関として、学校運営協議会を置くように努めなければならない。（略）」

参考
地教行法第47条の5第1項
　「教育委員会は、教育委員会規則で定めるところにより、その所管に属する学校ごとに、当該学校の運営及び当該運営への必要な支援に関して協議する機関として、学校運営協議会を置くように努めなければならない。ただし、二以上の学校の運営に関し相互に密接な連携を図る必要がある場合として文部科学省令で定める場合には、二以上の学校について一の学校運営協議会を置くことができる。」

参考
地方教育行政の組織及び運営に関する法律第四十七条の五第一項ただし書に規定する二以上の学校の運営に関し相互に密接な連携を図る必要がある場合を定める省令（抜粋）
一　同一の教育委員会の所管に属する小学校及び中学校において、学校教育法施行規則第79条の9第一項の規定により小学校における教育と中学校における教育を一貫して施す場合
二　同一の教育委員会の所管に属する中学校及び高等学校において、学校教育法第71条の規定により中学校における教育と高等学校における教育を一貫して施す場合
三　同一の教育委員会の所管に属する小学校及び当該小学校に在籍する児童のうち多数の者が進学する中学校において、これらの学校が相互に密接に連携し、その所在する地域の特色を生かした教育活動を行う場合その他教育委員会においてその所管に属する二以上の学校の運営に関し相互に密接な連携を図る必要があると認めた場合

第２条　コミュニティ・スクール委員会
は、地方教育行政の組織及び運営に関する
法律（昭和31年法律第162号）第47条の５
に規定する学校運営協議会とする。

地教行法第47条の５に規定する学校運営
協議会であることを明記。

参考
条文解説
「今日の学校を取り巻く課題に適切に対
応するためには、地域住民等との連携・
協働体制を構築し、その協力を得ること
が不可欠です。そして、それらの協力・
支援活動が適切に行われるためには、そ
の活動を担う地域住民等が、当該学校の
校長が持つ学校運営のビジョンや、当該
学校の運営の現状、児童生徒が抱える課
題等を的確に把握することが必要です。
　従来から、協議会は、その協議の対象
となる学校（以下「対象学校」といいま
す。）の校長が作成する学校運営に関す
る基本方針の承認等を通じて、対象学校
の運営について協議をすることとされて
いました。このような学校運営に関する
協議を通じて、協議会は、学校運営の現
状や児童生徒が抱える課題等を把握する
立場にあり、そうした課題を解決するた
めの地域住民等による支援の方法や内容
について、協議会が併せて協議を行うこ
とが効果的であると考えられます。
　こうした状況を踏まえ、平成29年改正
により、協議会の役割として、従来の学校
運営に関する協議に加え、学校運営への
必要な支援に関する協議も行うものとし
ました。
　また、これからの公立学校は、地域と
ともにある学校へと転換し、地域との連
携・協働体制を持続可能なものとしてい
くことが不可欠であることから、全ての
公立学校において学校運営協議会制度の
導入を目指すべく、各教育委員会に対し
て、これまで任意に設置するものとされ
ていた協議会について、設置の努力義務
を課すこととしました。この趣旨は、各
教育委員会において、協議会が有効に機
能するために必要な学校と地域の信頼関
係の構築や、関係者の理解増進等の手順
を踏みつつ、漸次、協議会の設置に向け
た取組を進めていただくことを求めるも
のです。」

（設置）

第３条　教育委員会は、前条の目的を達成するため、その所管に属する学校ごとに協議会を置くものとする。ただし、小中一貫教育又は中高一貫教育を施す場合その他教育委員会が二以上の学校の運営に関し相互に密接な連携を図る必要があると認める場合には、二以上の学校について一の協議会を置くことができる。

２　教育委員会は、協議会を置くときは、当該協議会がその運営及び当該運営への必要な支援に関して協議する学校（以下「対象学校」という。）を明示し、当該対象学校に対して通知するものとする。

３　教育委員会は、協議会を置こうとするときは、対象学校の校長、当該学校に在籍する生徒、児童又は幼児の保護者及び当該学校の所在する地域住民の意見を聞くものとする。

（学校運営に関する基本的な方針の承認）

第４条　対象学校の校長は、**次の各号に掲げる事項について毎年度基本的な方針を作成し、協議会の承認を得るものとする。**

（例）

(1)　教育課程の編成に関すること

(2)　学校経営計画に関すること

(3)　組織編成に関すること

(4)　学校予算の編成及び執行に関すること

(5)　施設管理及び施設設備等の整備に関すること

２　対象学校の校長は、前項において承認された基本的な方針に従って学校運営を行うこととする。

> 参考
> 地教行法第47条の５第４項
> 「対象学校の校長は、当該対象学校の運営に関して、**教育課程の編成その他教育委員会規則で定める事項について**基本的な方針を作成し、当該対象学校の学校運営協議会の承認を得なければならない。」
>
> →学校運営協議会における承認事項を規定（教育課程の編成に関する基本的な方針が明示されている）。

（基本的な方針等の承認等）

第８条　対象学園の学園長は、**次に掲げる事項について、毎年度基本的な方針等を作成し、コミュニティ・スクール委員会の承認を得るものとする。**

(1)　対象学園の教育計画の策定に関すること。

(2)　対象学園の組織編成に関すること。

(3)　対象学園の予算の編成及び執行に関すること。

(4)　前３号に掲げる事項の前年度運営実績報告に関すること。

２　対象学園を構成する小学校又は中学校（以下「対象学校」という。）の校長は、次に掲げる事項について、毎年度基本的な方針等を作成し、コミュニティ・スクール委員会の承認を得るものとする。

(1)　対象学校の教育課程の編成に関すること。

(2)　対象学校の組織編成に関すること。

(3)　対象学校の予算の編成及び執行に関すること。

(4)　対象学校の施設、設備の管理及び整備に関すること。

(5)　前各号に掲げる事項の前年度運営実績報告に関すること。

	3　対象学園の学園長及び対象学校の校長は、前2項の規定により承認を得た基本的な方針等に沿って、その権限と責任において学園及び学校の運営を行わなければならない。
参考 条文解説 「<u>教育課程の編成以外の学校運営に関する基本的な方針の対象となる事項として</u>は、一般的には、<u>施設管理、組織編成、施設・設備等の整備、予算執行等に関する事項</u>が考えられますが、具体的には、地域や学校の実態等に応じて教育委員会規則において定めます。」	
（学校運営等に関する意見の申し出） 第5条　協議会は、対象学校の運営全般について、教育委員会又は校長に対して、意見を述べることができる。	（運営等に関する意見） 第9条　コミュニティ・スクール委員会は、対象学園（対象学校を含む。以下同じ。）の運営に関する事項（次項に規定する事項を除く。）について、教育委員会又は学園長及び副学園長に対して、意見を述べることができる。
参考 地教行法第47条の5第6項 「学校運営協議会は、対象学校の運営に関する事項（次項に規定する事項（＝職員の任用に関すること　筆者注）を除く。）について、教育委員会又は校長に対して、意見を述べることができる。」 →学校運営に関する意見具申については、地教行法で規定された学校運営協議会の権限であり、教育委員会規則において制限することはできないと解される。	
参考 条文解説 「協議会は、学校運営に関して協議する機関として設置されるものであることから、基本的な方針の承認に止まらず、当該学校の運営全般について、広く地域住民等の意見を反映させる観点から、教育委員会又は校長に対して主体的に意見を申し出ることができる旨を明確にしたものです。」	
2　協議会は、第2条に定める趣旨を踏まえ、対象学校の職員の採用その他の任用に関して別に定める事項について、教育委員会を経由し、△△県教育委員会に対して意見を述べることができる。	2　コミュニティ・スクール委員会は、対象学園の職員の採用その他の任用に関する事項（分限及び懲戒に関する事項を除く。）について、当該職員の任命権者に対して意見を述べることができる。この場合

において、当該職員が都費負担教職員（市町村立学校職員給与負担法（昭和23年法律第135号）第１条に規定する職員をいう。）であるときは、教育委員会を経由するものとする。

3　協議会は、前２項の規定により教育委員会に対して意見を述べるときは、あらかじめ、対象学校の校長の意見を聴取するものとする。

参考
地教行法第47条の5
「7　学校運営協議会は、対象学校の職員の採用その他の任用に関して教育委員会規則で定める事項について、当該職員の任命権者に対して意見を述べることができる。この場合において、当該職員が県費負担教職員（第五十五条第一項又は第六十一条第一項の規定により市町村委員会がその任用に関する事務を行う職員を除く。）であるときは、市町村委員会を経由するものとする。
8　対象学校の職員の任命権者は、当該職員の任用に当たつては、前項の規定により述べられた意見を尊重するものとする。」

参考
条文解説
「（略）職員の任用に関する意見については、各学校の特色や地域の実情等を踏まえつつ、どのような事項を協議会による意見申出の対象とするかについて、各教育委員会の判断に委ねることが適当と考えられることから、平成29年改正において、<u>協議会の意見の対象となる事項の範囲について、各教育委員会規則で定めることとしました</u>。各教育委員会においては、この趣旨を踏まえ、それぞれの域内の事情を勘案し、適切に規則を設けることが求められます。

　規則においてどのような内容を定めるかは、まさに各教育委員会において検討・判断いただく必要がありますが、<u>例えば、協議会の趣旨を踏まえた建設的な</u>

意見に限ることや、個人を特定しての意見ではなく、対象学校の教育上の課題を踏まえた一般的な意見に限ることなどが想定されます。」 「協議会を設置する学校に関しても、**現行の市町村教育委員会の内申権、校長の意見具申権には変更は生じません。**」 「（略）任命権者の任命権の行使そのものを拘束するものではなく、任命権者は、**協議会の意見を尊重**するとともに、市町村教育委員会の内申（地教行法第38条）や人事評価の結果等を総合的に勘案し、**最終的には自らの権限と責任において任命権を行使する**こととなります。」 →学校運営協議会による職員の任用に関する意見に懸念があるのであれば、教育委員会規則において対象となる事項の範囲について制限を課すことも可能である。任命権者は学校運営協議会の意見を尊重しなければならないが、任命権の行使を拘束するものではない。	
三鷹市では、子どもの権利条約なども参考に児童生徒の意見を聞く機会を積極的に設けることを規則に規定した。これは令和4年に成立した子ども基本法の理念にも通じるものであり、今後、当事者である児童生徒の意見をどのように反映していくかは重要な課題といえる。	（児童及び生徒の意見の尊重） 第10条　コミュニティ・スクール委員会は、協議の充実を図るとともに、児童及び生徒の意見を十分尊重するため、対象学園の児童及び生徒の意見を聞く機会を積極的に設けなければならない。
（学校運営等に関する評価） 第6条　協議会は、毎年度1回以上、対象学校の運営状況等について評価を行うものとする。 参考 文部科学省 学校評価ガイドライン（平成28年改訂） 「学校関係者評価委員会を新たに組織することにかえて、学校評議員や学校運営協議会等の既存の組織を活用して評価を行うことも考えられる。特に、学校運営	（運営への参画促進、点検及び評価等） 第13条） 3　コミュニティ・スクール委員会は、対象学園の運営状況について、点検及び評価を行うものとする。 4　コミュニティ・スクール委員会は、各年度終了後速やかに教育委員会に対して、コミュニティ・スクール委員会の運営状況等を報告しなければならない。

協議会の機能として学校評価の機能を位置付けている所も多くあり、**学校運営協議会と学校関係者評価を一体的に推進することは、学校運営の評価・改善サイクルの充実につながる**と考えられる。」

→学校運営協議会が学校関係者評価を実施することは、法律上義務付けられていないが、上記ガイドラインにあるように、基本的な方針の承認、それに基づく学校運営の評価、評価結果を踏まえた改善策の次年度の基本的な方針への反映と一連の学校運営の評価・改善サイクルを学校運営協議会が担うこととなり、効果的と考えられる。

（住民の参画の促進等のための情報提供）
第7条　協議会は、対象学校の運営について、地域住民等の理解、協力、参画等が促進されるよう努めるものとする。

2　協議会は、次に掲げる目的を達成するため、対象学校の運営及び当該運営への必要な支援に関する協議の結果に関する情報を積極的に提供するよう努めなければならない。
一　対象学校の運営及び当該運営への必要な支援に関し、対象学校の所在する地域の住民、対象学校に在籍する生徒、児童又は幼児の保護者等の理解を深めること
二　対象学校と前号に掲げる者との連携及び協力の推進に資すること

> 参考
> 地教行法第47条の5第5項
> 「学校運営協議会は、前項に規定する基本的な方針に基づく対象学校の運営及び当該運営への必要な支援に関し、対象学校の所在する地域の住民、対象学校に在籍する生徒、児童又は幼児の保護者その他の**関係者の理解を深める**とともに、対象学校とこれらの者との連携及び協力の推進に資するため、対象学校の運営及び当該運営への必要な支援に関する**協議の結果に関する情報を積極的に提供するよう努める**ものとする。」

（運営への参画促進、点検及び評価等）
第13条　コミュニティ・スクール委員会は、対象学園の運営について、地域住民等の理解、協力、参画等が促進されるよう努めなければならない。
2　コミュニティ・スクール委員会は、地域住民等に対して、その協議及び活動の状況に関する情報を積極的に発信するとともに、地域住民等の意見、要望等を把握し、その運営に反映するよう努めなければならない。

> 三鷹市の規則においては、情報を積極的に発信するだけでなく、地域住民の意見、要望の把握し、それらを学校運営に反映するよう努めることも求めている。

（委員の任命）
第8条　協議会の委員は○名内とし、次の各号に掲げる者のうちから、教育委員会が任命する。
（例）
(1)　保護者
(2)　地域住民
(3)　対象学校の運営に資する活動を行う者
(4)　対象学校の校長
(5)　対象学校の教職員
(6)　学識経験者
(7)　関係行政機関の職員
(8)　その他、教育委員会が適当と認める者

地教行法第47条の5第2項
「学校運営協議会の委員は、次に掲げる者について、教育委員会が任命する。
一　対象学校の所在する地域の住民
二　対象学校に在籍する生徒、児童又は幼児の保護者
三　社会教育法第九条の七第一項に規定する地域学校協働活動推進員その他の対象学校の運営に資する活動を行う者
四　その他当該教育委員会が必要と認める者」

（委員）
第3条　コミュニティ・スクール委員会の委員（以下「委員」という。）は、次に掲げる者のうちから、教育委員会が任命する。
(1)　対象学園（当該コミュニティ・スクール委員会が、その運営及び当該運営への必要な支援に関して協議する学園をいう。以下同じ。）に在籍する児童又は生徒の保護者
(2)　対象学園の所在する地域の住民
(3)　対象学園の運営に資する活動を行う者（社会教育法（昭和24年法律第207号）第9条の7第1項に規定する地域学校協働活動推進員を含む。）
(4)　対象学園を卒業した者その他の対象学園に関係を有する者
(5)　対象学園の学園長及び副学園長その他の教職員
(6)　学識経験者
(7)　関係行政機関の職員
(8)　前各号に掲げる者のほか、教育委員会が適当と認める者
5　委員の定数は、30人以内で教育委員会が定める。

三鷹市では、学園ごとに学校運営協議会を設置しているため、人数が多めとなっている。

参考
文部科学省「学校と地域の新たな協働体制の構築のための実証研究」（学校を核とした地域力強化プラン）学校と地域の新たな協働体制の構築のための実証研究実施報告書第Ⅱ部〜コミュニティ・スクールの運営・意識・取組等に関する基礎的調査　報告書〜（令和3年3月）（受託者：三菱UFJリサーチ＆コンサルティング株式会社）
学校運営協議会委員の人数
平均13.64人　うち、学校教職員平均3.21人

条文解説

「協議会は、学校運営及び任命権者の任命権の行使の手続に関与する一定の権限が付与される機関であることから、その委員については、設置者である教育委員会の責任において人選が行われ、任命されることになります。その際、幅広く適任者を募る観点から、例えば、公募制の活用等選考方法を工夫するとともに、地域住民や保護者等へ広報、周知に努める必要があります。

委員は、これまで、対象学校が所在する地域の住民、対象学校に在籍する生徒、児童又は幼児の保護者等から選任することとされていました。しかし、平成29年改正により、学校運営への必要な支援に関しても協議を行うこととしました。この協議が実効的・効果的に行われ、かつ、その結果を踏まえた学校運営への支援活動が円滑に実施されるためには、実際に当該学校の運営改善に関する活動を行っている者が協議に加わることが求められます。

このため、平成29年改正により、協議会の委員に「学校の運営に資する活動を行う者」を加えることとしました。その典型的な例としては、社会教育法に規定される「地域学校協働活動」において、中核的な役割を果たす「地域学校協働活動推進員」が想定されますが、それ以外にも、例えば、
・年間を通じて学校と地域の行事の共同実施や、朝学習の指導を積極的に行う自治会やPTA等の団体の代表者
・学校の授業における学習支援やキャリア教育を積極的に行うNPOの代表者
といった方を任命することも考えられます。

これらの学校運営への支援に関するネットワークを持っている方をすでに任命している教育委員会におかれては、そうした方を「学校の運営に資する活動を行う者」として任命することで、さらに効果的な協議会の運営が期待されます。

また、法定されている者以外の委員とし
ては、例えば、対象学校の校長、教職
員、指導主事等の教育委員会事務局職員
に加えて、地域の商工会等の関係者、警
察や児童福祉施設など関係機関の職員、
教育行政や学校教育に識見を有する者等
が想定されます。」

2　教育委員会は、対象学校の校長から申
出があったときは、前項の委員の任命につ
いて、当該校長から意見を聴取するものと
する。

地教行法第47条の5第3項
「対象学校の校長は、前項の委員の任命
に関する意見を教育委員会に申し出るこ
とができる。」

条文解説
「協議会は、学校運営及び当該運営への
必要な支援に関する協議を行い、後述す
るように、校長が作成する学校運営に関
する基本的な方針を承認する役割を担う
機関です。そのため、協議会の委員は、
単に第三者的な立場から学校運営を批評
するような者ではなく、対象学校につい
て一定の理解を有した上で、当該学校を
応援する存在として、その運営改善に資
するような建設的意見を述べ、学校運営
に責任感を持って参画することができる
者であることが求められます。
　こうした人材を確保するためには、学
校運営の責任者としての立場にある校長
が、自校の運営の現状や課題等に照らし
て、どのような人物がその運営の改善に
資するかを考え、任命権者である教育委
員会に意見を申し出ることで、委員の任
命にかかる手続きに具体的に関与するこ
とが適当であることから、平成29年改正
により、対象学校の校長が協議会の委員
の任命に関して教育委員会に意見を申し
出ることができることとしました。各教
育委員会におかれては、規則において、
委員の選定の際に校長から意見を聴取す
る手続きについて規定を置くなど、対象

2　対象学園の学園長及び副学園長以外の
委員については、対象学園の学園長が推薦
することができる。
3　前項の推薦に当たっては、対象学園の
学園長が委員の候補者を公募することがで
きる。
4　教育委員会は、第2項の推薦があった
ときは、これを尊重して委員の選考を行う
ものとする。ただし、当該推薦のあった者
以外の者を選考することを妨げない。

学校の校長が意見を申し出る機会を確保するための措置を講ずることが求められます。」	
3　委員の辞職等により欠員が生じた場合には、教育委員会は速やかに新たな委員を任命するものとする。	6　委員の辞職等により欠員が生じたときは、教育委員会は新たな委員を任命することができる。
4　委員は特別職の地方公務員の身分を有する。　学校運営協議会の委員については、その位置付けや役割を踏まえ、特別職の地方公務員とすることが適当である。	7　委員は、地方公務員法第３条第３項第２号に規定する非常勤の特別職職員の身分を有する。
（守秘義務等）第９条　委員は職務上知り得た秘密を漏らしてはならない。その職を退いた後も同様とする。2　前項のほか、委員は、次の各号に掲げる行為をしてはならない。(1)　委員たるにふさわしくない非行をおこなうこと(2)　委員としての地位を営利行為、政治活動、宗教活動等に不当に利用すること(3)　その他、協議会及び対象学校の運営に著しく支障をきたす言動を行うこと　特別職の地方公務員については、原則、地方公務員法の規定が適用されないため（地方公務員法第４条）、守秘義務等の服務について定めることが必要となる。	（守秘義務等）第５条　委員は、職務上知り得た秘密を漏らしてはならない。その職を退いた後も、同様とする。2　前項のほか、委員は、次に掲げる行為をしてはならない。(1)　コミュニティ・スクール委員会の運営に著しい支障を来すような行為(2)　営利行為、政治活動、宗教活動等に委員としての地位を不当に利用する行為(3)　委員の職の信用を傷つけ、又は委員の職全体の不名誉となるような行為
（任期）第10条　委員の任期は〇年とし、再任を妨げない。2　第８条第３項の規定により新たに任命された委員の任期は、前任者の残任期間とする。　任期については十分に検討することが必要である。文部科学省の規則例では、継続できる任期に上限を設けていないが、委員の固定化を防ぐことや世代交代の必要性を考えれば上限を設けることが望ましい。	（任期）第４条　委員の任期は、２年とし、再任を妨げない。2　委員（前条第１項第５号に該当する委員を除く。）は、引き続いて４任期を超えて在任することはできない。ただし、対象学園の学園長が地域学校協働活動推進員である同項第３号に該当する者について４任期を超えて在任する必要があると認め、同条第２項の推薦をしたときは、教育委員会は、４任期を超えて任命することができる。

また、継続できる任期を設定する場合には、委員会としての継続性を担保するため、3期以上で検討するのが良い。2期の場合、改選時に委員の半数が交代することとなる。 　三鷹市では、継続できる任期を4期までとして、段階的な世代交代を図っている。	3　前条第6項の規定により新たに任命された委員の任期は、前任者の残任期間とする。
（報酬） 第11条　委員の報酬は別に定める。	三鷹市では「三鷹市非常勤職員の報酬、費用弁償及び期末手当に関する条例」において、他の非常勤特別職とともに、学校運営協議会委員の報酬についても定めている。
（会長及び副会長） 第12条　協議会に会長及び副会長を置き、委員の互選により、選出する。 2　会長が会議を招集し、議事を掌る。 3　副会長は、会長を補佐し、会長に事故あるとき又は欠けたときは、その職務を行うものとする。	（会長及び副会長） 第7条　コミュニティ・スクール委員会に会長及び副会長を置く。 2　会長及び副会長は、委員の互選により選出する。ただし、対象学園の学園長及び副学園長その他の教職員を会長又は副会長に選出することはできない。 3　会長は、会務を総理する。 4　副会長は、会長を補佐し、会長に事故あるとき、又は会長が欠けたときは、その職務を代行する。 5　会長及び副会長の任期は、1年とし、再任を妨げない。ただし、引き続いて4任期を超えて在任することはできない。
（議事） 第13条　協議会は、会長が開催日前に議案を示して招集する。ただし、緊急を要する場合においては、この限りでない。 2　協議会は、委員の半数以上の出席がなければ会議を開くことができない。 3　協議会の議事は、出席委員の過半数で決し、可否同数のときは会長の決するところによる。	（会議） 第11条　会長は、コミュニティ・スクール委員会の会議を招集する。 2　コミュニティ・スクール委員会の会議は、委員の過半数が出席しなければ、開くことができない。 3　コミュニティ・スクール委員会の議事は、出席委員の過半数で決し、可否同数のときは、会長の決するところによる。 4　議決事項に利害を有する委員は、当該議決事項に関して議決権を有しない。 5　会長は、必要があるときは、学園長及び副学園長その他の教職員から報告及び説明を求めることができる。

	6　会長は、必要があるときは、学園長と協議のうえ、児童及び生徒、委員以外の教職員並びにその他の第三者に会議の出席を求め、意見を聞くことができる。 7　会長は、会議録を調製し、保管しなければならない。
（会議の公開） 第14条　協議会は、特別の事情がない限り公開とする。 2　会議を傍聴しようとする者は、あらかじめ会長に申し出なければならない。 3　傍聴人は、会議の進行を妨げる行為をしてはならない。	（会議の公開） 第12条　コミュニティ・スクール委員会の会議は、公開とする。ただし、対象学園の職員の人事に関する事項その他の事項について、出席委員の3分の2以上の多数で議決したときは、公開しないことができる。 2　会議を傍聴しようとする者は、あらかじめ会長に申し出なければならない。 3　傍聴人は、会議の進行を妨げる行為をしてはならない。
（研修） 第15条　教育委員会は、委員に対して、協議会の役割及び責任並びに委員の役割及び責任等について正しい 理解を得るため、必要な研修等を行うものとする。	
（協議会の適正な運営を確保するために必要な措置） 第16条　教育委員会は、協議会の運営状況について的確な把握を行い、必要に応じて指導及び助言を行うとともに、協議会の運営が適正を欠くことによって対象学校の運営に現に支障が生じ、又は生ずるおそれがあると認められる場合には、協議会の適正な運営を確保するための措置を講ずるものとする。 2　教育委員会及び対象学校の校長は、協議会が適切な合意形成を行うことができるよう必要な情報提供に努めなければならない。 地教行法第47条の5第9項 「教育委員会は、学校運営協議会の運営が適正を欠くことにより、対象学校の運営に現に支障が生じ、又は生ずるおそれがあると認められる場合においては、当該学校運営協議会の適正な運営を確保するために必要な措置を講じなければならない。」	（コミュニティ・スクール委員会の適正な運営を確保するために必要な措置等） 第14条　教育委員会は、コミュニティ・スクール委員会の運営状況について的確な把握を行い、必要に応じてコミュニティ・スクール委員会に対して指導又は助言を行うとともに、コミュニティ・スクール委員会の運営が適正を欠くことによって対象学園の運営に現に支障が生じ、又は生ずるおそれがあると認められる場合には、コミュニティ・スクール委員会の適正な運営を確保するための措置を講ずるものとする。 2　教育委員会並びに学園長及び副学園長は、コミュニティ・スクール委員会が円滑な協議を行うことができるよう必要な情報提供に努めなければならない。

<table>
<tr>
<td>

条文解説
「（略）具体的な措置の内容は、協議会が抱える課題の性質や内容を踏まえて、各教育委員会において判断されることとなりますが、例えば、発言力の強い特定の委員により偏った協議会の運営がなされ、学校運営に支障を生じかねない場合には、当該委員を罷免した上で新しい委員を任命することや、委員同士の意見が対立して協議会としての意思形成がなされず、学校運営に関する基本的な方針の承認がなされない場合には、協議会の運営を一時的に停止させ、運営の改善に向けた指導を行うことなどが想定されます。
　なお、どのような場合に、どのような措置を講じるかについては、あらかじめ教育委員会規則において定めておくことが望ましいと考えられます。
　また、<u>協議会の運営がそもそも適性を欠くことのないよう、教育委員会は、協議会の運営の状況について的確な把握に努めるとともに、必要に応じて協議会及び校長に対して指導、助言を行うなど、協議会の円滑な運営の確保に努める必要があります。</u>」

</td>
<td></td>
</tr>
<tr>
<td>

（委員の解任）
第17条　教育委員会は、次の各号のいずれかに該当する場合は、委員を解任することができる。
(1)　本人から辞任の申出があった場合
(2)　第9条に反した場合
(3)　その他解任に相当する事由が認められる場合
2　教育委員会は、委員を解任する場合には、その理由を示さなければならない。

</td>
<td>

（委員の免職）
第6条　教育委員会は、委員が退職を願い出たときのほか、委員が次の各号のいずれかに該当するときは、その職を免ずることができる。
(1)　前条の規定に違反したとき。
(2)　心身の故障のため、職務を遂行することができないとき。
(3)　前2号に掲げるもののほか、その職に必要な適格性を欠くとき。

</td>
</tr>
<tr>
<td>

三鷹市では、会議運営の細部や委員会に置かれる組織などは各学校運営協議会の自主性を尊重し、各学校運営協議会において定めることとしている。

</td>
<td>

（運営に必要な事項等）
第15条　コミュニティ・スクール委員会は、法令及び教育委員会が定める規則の範囲内において、コミュニティ・スクール委員会の運営に必要な事項を定めることができる。
2　コミュニティ・スクール委員会は、その定めるところにより、部会等の必要な組織を置くことができる。
3　（略）

</td>
</tr>
</table>

（越政樹）

おわりに

　今から25年ほど前、1998（平成10）年4月に校長として三鷹市立第四小学校に赴任した。初めての校長職であったが、ここで「教育ボランティア制度」（夢育（むいく）の学び舎（や）構想）を始めたことが、コミュニティ・スクール、ひいては現在、三鷹市で進めているスクール・コミュニティへとつながっている。

　そもそも、最初にコミュニティ・スクールにつながる存在に出会ったのは、1985（昭和60）年、教員だった37歳のときに文部省（当時）が主催する教員海外派遣団の一員としてイギリス・ドイツ・チェコスロバキアの3か国の学校等を視察したときだった。イギリスで訪れたとある学校の図書館で、一人の年輩男性がこちらに背を向けて黙々と本の修繕作業を行っていた。「あの方はどなたですか？」現地の校長先生にそう尋ねると、彼はボランティアだという。裁判官を務めていたが、退職後にボランティアとして学校図書館で活動をしているという。驚きだった。裁判官という前職とは異なる場所、役職で本の修繕をしていた男性の姿は、当時の日本にはない光景だと感じた。この出来事が頭に残り、帰国後も、市民ボランティアが、例えば、学校図書館の整備だけでなく、前職の経験を活かして教職員へ向けた啓発活動や子どもたちへの授業などができるのではないか、また、そのボランティア活動を単発ではなく持続的なものとして制度化できないかと考えていた。

　その後、市教育委員会で指導主事を務めたことなどもあり、具体の活動に結びつくまでに時間がかかったが、前述のとおり第四小学校で校長を務め、「教育ボランティア制度」を始めたことで、ようやくかたちにすることができたわけである。

始めてみて感じたことは、保護者や地域の方々の力のすごさ
だった。最初の頃、保護者や地域の方々に対してはこのように伝
えていた。「この制度は、教職員の 10 の仕事を 8 に減らして 2 を
ボランティアで足してほしいというわけではない。教職員は 10
の仕事を 10 行うが、ボランティアに 2 を足してもらえれば、12
の力でもって子どもたちを育てられる。子どもが通う、あるいは
地域にある学校をよくしたいという思いは、教職員も保護者も地
域の皆さんも同じ思いでしょう」と。確かに教員は教育の専門家
だ。だが、昨今のさまざまな課題を教員だけで解決することはで
きない。保護者も地域の人々もみんなが教育の当事者なのである。
結果的には教職員も刺激を受け、ボランティアと教職員と 12 以
上の力で学校、子どもたちを支えてくださった。
　一方で、周りの教育・行政関係者からは「教育の素人の力を借
りるなんて、教師としてのプライドはないのか」といった声もあ
がっていた。なかなか周囲に理解者を得られなかったとき、当時
の三鷹市教育委員会生涯学習課長から紹介された人物こそ、河村
孝三鷹市長（現在）だったのである。その頃、企画部次長を務め
ていた河村さんは、学校を公園のように誰もが集える場所にする
という「学校公園構想」を考えたりしており、夢育の学び舎構想
にも関心を持ってくださった。2003（平成 15）年に助役・副市
長になった際には、私を教育長に押してくださった人物でもある。
長い付き合いなのだ。
　教育長に就任した 2004（平成 16）年には国として学校運営協
議会が法制化され、三鷹市では 2006（平成 18）年に西三鷹学園
がコミュニティ・スクールを基盤とした小中一貫教育の学校の第
1 号として正式にスタート。その後 5 年をかけて市内すべての学
校がコミュニティ・スクールと小中一貫教育の学校となった。
　この間の 2005（平成 17）年には市の自治基本条例が制定され

るが、条文には以下のような文言が盛り込まれている。

（学校と地域との連携協力）
　第33条　教育委員会は、地域と連携協力し、保護者、地域住民等の学校運営への参加を積極的に進めることにより、地域の力を活かし、創意工夫と特色ある学校づくりを行うものとする。
　2　教育委員会は、地域及び市長と連携協力し、学校を核としたコミュニティづくりを進めるものとする。

　お気づきのとおり、第1項はコミュニティ・スクールを、第2項はスクール・コミュニティを意図したもので、本条例の制定時には、現在、三鷹市で進めている「スクール・コミュニティ」の構想を踏まえた条文を作成した。実際に活動を浸透させるには段階を経てステップを踏む必要があるため、スクール・コミュニティの構想が動き出したのは、2019（令和元）年7月に再度教育長に就任してからのことである。しかし、2013（平成25）年に2期8年の教育長を退任するまでも、また、教育長に再任するまでの間も、地域の方々が学校を支援し、応援してくださる積み重ねのなかで、コミュニティ・スクールが仕組みとして確実に定着し、今、それを発展させ、地域づくりを加味したスクール・コミュニティの段階へと来たのである。

　2019（平成31）年に河村市政が発足し、教育改革を一緒にやってほしいと声をかけていただいたことで再度教育長に就任したが、スクール・コミュニティの取組を進められたのも、河村市長が機会を与えてくださりその理解と協力があってこそ。そもそも教育ボランティア制度に関心を持ってもらえたから、コミュニティ・スクール、スクール・コミュニティとここまで発展するこ

とができたといえる。この出会いには本当に感謝しかない。

　さらに言えば、教育ボランティア制度を始めるにあたってアドバイスをくださったのが本書の編集代表を共に務めてくださった鈴木寛先生である。こうした多くの出会いと協力があってここまで来ることができた。

　私のことを「ミスター・コミュニティ・スクール」と揶揄する人もおり、私自身、何とかの一つ覚えではないがコミュニティ・スクールの設置や拡大に力を尽くしてきたつもりだが、ライフワークにするだけの価値のあるものだからなのだ。

　北海道に生まれ、幼い頃、長屋で暮らし、人の心との交わりという有機的で豊かな人間関係に囲まれた経験は私の原点となっている。昔に戻るということでは決してないが、ぬくもりのある人とのつながりは不易の価値観であろう。40代には島しょ担当の指導主事を務め、地元への愛着や思い、子どもたちを地域ぐるみで育てる、生活に根ざした協働関係を肌で感じ、経験した。島では多くの場合、中学校を卒業すると子どもたちは地元を離れて暮らさなければならず、子どもも保護者もそのための自立・自律を意識して、学校を支えてくれている。地域連携や協働は単なる言葉の問題ではなく、リアルの生活に影響するものであり、その厳しさと思いを受け止める必要性を切実に感じた。共に生きていくということはどの地の教育にあっても大事にしないといけないことなのだ。その持続可能な仕組みとして、私はコミュニティ・スクールを見出した。

　読者の方々には、この制度のよさを理解いただき、コミュニティ・スクールのさらなる発展のため、まずは実践していただけることを願っている。ITやAIが今後も発展していくなかで、うっかりすると技術や利便性が社会の中心に置かれ、人間が端に追い

やられることになろう。だからこそ、人が真ん中であることが自覚されなければならず、それこそが教育の基本といえる。開かれた学校をつくると同時に、人とのつながり、絆、コミュニティの尊さといったことを子どもたちに伝えていただきたい。

　少子高齢化も進行し、人間にとって豊かで幸せな社会をつくるためにSociety5.0が考えられた。多様な人たちとつながり、学校自体も弾力的で柔軟な教育活動を行うためには、地域や社会の市民感覚、良心（コモン・センス）が大事になってくる。地域との多様な交流によって教育の質はレベルアップしていく。本書のなかでも折々に記してあるが、学校だけがよくなるということはないのだ。学校が属する社会全体が豊かになることで、一人ひとりが幸せな人生を送れるようになり、コミュニティ・スクールはそれを実現する助けとなってくれる。

　今、私はスクール・コミュニティからさらに発展した教育、社会の姿を考えている。新しい学習指導要領のもと「個別最適な学び」と「協働的な学び」を一体的に充実していくためには、地域もこの理念を理解し、スクール・コミュニティと一緒になって実施していく必要がある。そのとき、8×8メートルの部屋に35人の子どもという教室＝Roomを手放し、仕切りをなくして、学校を訪れるあらゆる人々に場＝Spaceを提供できるようなハードの面でも変化が必要になってくるのではないだろうか。子どもたちが多様なものの見方・考え方を身につけられるような仕掛けを持ち、地域の人々が人財育成に関わり自分自身も学ぶことのできる場所。三鷹市の学校3部制もこの考えから来ている。スクール・コミュニティからより学校を社会に開き、言うなれば「オープン・スクール」とする。ギフテッドやフリースクールに通うような子どもたちも受け入れ、大人も学び直しができる学校。子どもたちは自分で学習内容を定め、自己学習の際には、先生以外の

大人からもアドバイスをもらう。GIGA スクール構想で一人一台端末も配備されたので、離れたところともつながることができ、より多様な交流が可能となった。このようなインクルーシブ社会を創造する場こそが学校なのではないだろうか。

　長年にわたって関わってきたこのミッションに、今なおさらに思いを強くさせている。一本の道につながって実現できたことは本当にラッキーだった。さまざまな課題に直面する私たちがコミュニティ・スクールという仕組みを活用し、学校を中心とする豊かな社会実現のため、皆様には歩みを共にしていただきたいと願っている。

　末尾になるが私のこのような思いに応えて、お忙しいなか編集代表を共に務めてくださった鈴木寛先生に感謝申し上げる。先生との対談の時間は大変刺激に満ちたものであった。また、それぞれのご専門を活かし執筆を担当してくださった先生方にもお礼申し上げたい。最後に、思いを出版というかたちにしてくださった悠光堂の佐藤裕介氏、本書作成の手足となって私を支えてくださった遠藤由子氏に特にお世話になった。感謝申し上げる。

貝ノ瀬滋

編集・執筆者等一覧

【編集代表】

貝ノ瀬 滋（かいのせ・しげる）

　東京都三鷹市教育委員会教育長、日本連合教育会副会長、全国コミュニティ・スクール連絡協議会会長

　都内公立学校教諭、1998年4月から三鷹市立第四小学校長。政策研究大学院大学客員教授、東京家政大学特任教授、兵庫教育大学客員教授、文部科学省中央教育審議会委員（第6期）、教育再生実行会議有識者委員（2013年1月〜2016年6月）などを歴任。

鈴木 寛（すずき・かん）

　東京大学教授、慶應義塾大学特任教授、OECD教育2030理事

　通商産業省入省、シドニー大学、山口県庁、機械情報産業局などで勤務。大学教員に転身、慶應義塾大学SFC助教授を経て2001年参議院議員初当選（東京都）。12年間の国会議員在任中、文部科学副大臣を2期務め、2015年から2018年まで、文部科学省参与、大臣補佐官（4期）を務める。

【執筆者】 （五十音順、肩書は一部を除き2023年10月1日現在）

植田 みどり （うえだ・みどり）
　　国立教育政策研究所総括研究官

菅野 祐太 （かんの・ゆうた）
　　兵庫教育大学准教授、NPO カタリバ、
　　岩手県大槌町教育委員会教育専門官

越 政樹 （こし・まさき）
　　三鷹市教育委員会事務局教育部教育政策推進室長

佐藤 晴雄 （さとう・はるお）
　　帝京大学教育学部長・教授

柴田 彩千子 （しばた・さちこ）
　　東京学芸大学総合教育科学系准教授

竹原 和泉 （たけはら・いずみ）
　　特定非営利活動法人まちと学校のみらい代表理事、
　　東京学芸大学理事、CS マイスター

林 寛平 （はやし・かんぺい）
　　信州大学大学院教育学研究科准教授、
　　ウプサラ大学教育学部客員研究員

増渕 広美（ますぶち・ひろみ）

　青少年と家族の未来研究所代表、元神奈川県立高等学校長、

　元 CS マイスター

宮田 幸治（みやた・こうじ）

広島県府中市教育委員会学校教育課主幹[1]

　※1　肩書は執筆当時（2023年3月31日）のもの

四柳 千夏子（よつやなぎ・ちかこ）

　三鷹市教育委員会統括スクール・コミュニティ推進員、

　CS マイスター

【 コミュニティ・スクール普及支援団体 】（2023年10月1日現在）

　公益財団法人 日本漢字能力検定協会

　公益財団法人 日本数学検定協会

　公益社団法人 全国子ども会連合会

コミュニティ・スクールの取り組みを応援します

　学校・地域・家庭が連携・協働し、社会に開かれた教育課程を実現していくためには、コミュニティ・スクールと地域学校協働活動の一体的推進が欠かせないことの一つであると言えます。その推進により、子どもだけでなく、子どもの健やかな成長を願う保護者や地域の大人の学びも促進されることでしょう。

　弊協会は、日本語・漢字をテーマにすべての世代が取り組みやすい学習コンテンツを提供することで、学校と地域がつながる学びの場づくりを応援してまいります。そのことが人生100年時代に、生涯にわたって学び続ける学習者を増やしていく一助になれば幸甚に存じます。

　さらなるコミュニティ・スクールの推進と、そこから生まれる素敵な取組が全国へ広がり、よりよい学校と地域が創造されることを切に願います。

公益財団法人 日本漢字能力検定協会

代表理事 理事長　山崎 信夫

コミュニティ・スクールの未来に想いを馳せて

　未来の学校教育のあるべき姿を見据えたとき、地域や保護者の方をはじめとする、多様な立場を有する人々が学校づくりに積極的に参画し、学校や子どもたちを中心とした地域のつながりや交流を通じて、社会にとって有用な価値を創造する活動が肝要であると考えます。数理・データサイエンス・AI 時代といわれる昨今、弊会では、数学的リテラシーを備えた人財育成の使命にもとづき、社会全体の数学力・データ活用力の向上による地域経済の活性化や安全で安心なまちづくりなど、新たな価値創出とあわせて、コミュニティ・スクールのさらなる発展に向けても深く携わっていきたいと考えています。こうした発展をきっかけに、学校や地域、社会における課題が解決されると同時に、人々がグローバル社会で活躍するための資質を身につけるなどして、弊会がウェルビーイングの向上にも貢献できることを願っています。

公益財団法人 日本数学検定協会
理事長　髙田 忍

みんなで創ろう コミュニティ・スクール
Let's sow the seeds of democracy!

2023年12月1日　　初版第一刷発行

編集代表	貝ノ瀨 滋・鈴木 寛
発行人	佐藤 裕介
編集人	遠藤 由子
発行所	株式会社 悠光堂
	〒104-0045 東京都中央区築地6-4-5
	シティスクエア築地1103
	電話：03-6264-0523　FAX：03-6264-0524
印刷・製本	明和印刷株式会社

ISBN978-4-909348-59-3　C0037